13歳から知っておきたい LGBT+

アシュリー・マーデル　須川綾子 [訳]

ダイヤモンド社

THE ABC's of LGBT+

by
Ashley Mardell

Copyright © 2016 by Ashley Mardell

Japanese translation published by arrangement with
Mango Media through The English Agency (Japan) Ltd.

家族へ

この本を家族に捧げます。

気高く勇敢な王子でいてくれるグレースへ。
彼女が私の能力にゆるぎない信頼を
寄せてくれなかったら、これを書くあいだに
何度も襲ってきた自信喪失の怪物や
不安の虫を追い払うことは
できなかったかもしれません。

私のひざをいつも温め、
キーボードの上を歩き、コーヒーを
ひっくり返して笑わせてくれたエリオットへ。

執筆中、ぽっちゃりとして愛らしく、
フワフワでいてくれたアーサーへ。

Contents

はじめに

自分の居場所を探す人、誰かの居場所をつくりたい人へ

この本を書いているのはどんな人？…… 8

この本の使命は？…… 12

この本はなぜ大切なの？…… 12

誰のための本なの？…… 16

この本の使い方…… 17

第 1 章

スペクトラム

「白黒割り切れないもの」を表現する

スペクトラムって、何？…… 22

正解は１つじゃない！…… 24

どんな表現を使うか、決めるのはその人自身 …… 40

第 2 章

ジェンダー

自分にとっての真実を探して

「生物学的性」って、何？…… 44

ジェンダーって、何？…… 55

ジェンダーをどう表現する？…… 71

彼？　彼女？　なんて呼べばいい？…… 80

さまざまなアイデンティティと言葉（ただし、暗記は不要！）…… 87

第3章
性的アイデンティティと
恋愛のアイデンティティ
誰に、どんなふうに魅力を感じる？

性的指向：どんな相手に性的魅力を感じるか …… 138

恋愛の指向：どんな相手に恋愛的魅力を感じるか…… 142

性的指向と恋愛の指向はどうちがう？ …… 144

1つのジェンダーに魅力を感じる場合 …… 147

2つ以上のジェンダーに魅力を感じる場合 …… 152

魅力を感じる対象が変化する場合…… 167

魅力をほとんど、もしくはまったく感じない場合…… 173

そのほかのアイデンティティについて…… 186

おわりに
終わりのない冒険に向けて…… 196

用語解説
言葉がわからなくなったときのためのカンニングシート…… 201

INTRODUCTION

はじめに

自分の居場所を探す人、
誰かの居場所をつくりたい人へ

用語の解説は巻末（P201）に載せてあります。わからない言葉はあとで詳しく解説していくので、ひとまず読み飛ばしていただいてかまいません。

この本を書いているのはどんな人？

みなさん、『13歳から知っておきたいLGBT+』へようこそ！　クィアのカタログとも言うべき本書がどんなことを取り上げ、それがなぜ大切なのかという話を始める前に、この企画が生まれた経緯と、協力してくれた人たちについて紹介したいと思います。

13年前のことです。私はペンと懐中電灯をもって毛布を被り、ベッドの脇に座りこみました。永遠と思えるくらい長いあいだ日記を見つめ、それからようやく勇気を振りしぼり、おずおずとした震える手で、生まれて初めてカミングアウトしたのです。「もしかすると、よくわからないけど、ときどき女の子のことが好きみたい」

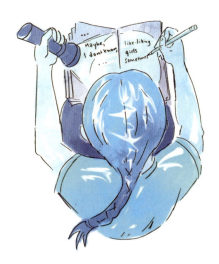

どうです、かわいらしいでしょ？　11歳だった私は内気で自信がなく、秘密を打ち明けることを怖がっていました。そのため、それからさらに7年のあいだ、日記以外では本当の自分を隠し、女性に恋いこがれる思春期特有の気持ちを抑えることにエネルギーのすべてを使いました。

私の名前はアシュリー・マーデル。YouTubeのチャンネルでご存じの方もいるでしょう。ネットでは、いろいろと奇抜なことをするので有名です。たとえば、お酒を飲みながら工作をするイベントに参加したり、婚約者の顔にパイをぶつけたり、飼っている猫たちにゴージャスな女装をさせたり。

　じつはそんな子どもじみた悪ふざけの数々にも、重要なテーマが隠されています。それは、LGBTQIA+ ^(注1) について人々の注目を集め、正しい知識を広めたいということ。なかでもやりがいを感じるのは、不正確に伝えられ、片隅に追いやられている多くのアイデンティティを掘りさげることです。というのも、私自身がのけ者にされ、誤解されることの多いアイデンティティの持ち主だから。

　大学生になるころには、ようやく日記以外の場所でもカミングアウトできるくらい自分を受け入れられるようになりました。大学に入ってから1年近くかかりましたが、親友たち（そのとき真剣につきあっていたボーイフレンドも含めて）に、夏休みが始まってしばらく会えなくなる前に、こう伝えました……。

> ……こういうの、何て呼ぶのかよくわからないんだけど、私はすごくクールな人なら、その人のジェンダーに関係なく、好きになってしまうタイプみたい。

　複雑な心境でした。自分が絶対にストレートじゃないことを友だちにどうしても理解してもらいたいのに、その一方で「クィア」や「ゲイ」、「バイセクシュアル」という言葉にはすごく抵抗感があったのです。そういう言葉は不自然で窮屈で、どこか恐ろしい感じがしました。

注1：LGBTQIA+の意味はP204の用語解説で確認してください！

ステレオタイプやスティグマに立ち向かう心の準備ができていなかったし[注2]、本当に、そういう人たちが集まるコミュニティの一員になりたいのか、自分の気持ちもはっきりしていませんでした[注3]。

　その後、インターネットでLGBTQIA+の世界に出合い、すべてが変わりました。きっかけはYouTubeにアップされた、いくつかの「カミングアウト」動画。当時、私のまわりにはLGBTQIA+のお手本になる人があまりいなかったので、ネット上の人たちを頼りに空白を埋めようとしたのです。興味深い体験でした。

　私はセクシュアリティを通して彼らと深いつながりを感じ、LGBTQIA+のコミュニティに参加することのすばらしさをようやく理解しました。仲間がいれば、自分が世間の常識からは外れていても、理解され、存在を認めてもらえたと感じられる。そう気がついたら、ずっと感じてきた社会との断絶や何ともいえない孤独感が和らぎだし、自分の未来には可能性も居場所もあると思うと、急に心がはずみました。

　コミュニティの人たちは誰もが共感にあふれ、面倒見がよく、協力的でした。みんな自分自身を深く理解したうえで、他人のアイデンティティにも親身になって関心を寄せていたのです。

　私はこの愛情深く、心の広い人たちのネットワークに参加したくなり、LGBTQIA+の話題への関心も一気に高まりました。気がつけば本やブログ、ドキュメンタリー、ポッドキャストなど、クィアに関する情報を手当たりしだいに吸収する日々。

　たくさんの知識を得て、私は変わりました。消極的で不安ばかり感じ、ラベルを貼られるのを怖がるアシュリーではもうなくなっていたんです。自分を表現するすばらしい言葉の数々を手に入れたことで、気がつけば自信と力がみなぎり、嬉しさで胸がいっぱいになっていました。

　それから5年のときが流れ、2匹の猫を迎え、未来の妻と暮らすようになり、髪をバッサリ切りましたが、今でも変わらない気持ちでい

注2：スティグマについて詳しくは用語解説（207ページ）を参照してください。
注3：（おっと、これは内面化された同性愛嫌悪ですね！　内面化について詳しくは211ページを参照してください）

られて幸せです。率直に言って、ラベルや言葉の力について、私よりも夢中になっている人には会ったことがありません。

　私自身のアイデンティティをできるだけ正確に表現するなら、こんなふうになるでしょう。「私はアシュリーといって、とてもフルイドでクィア、そしてバイ、パン、マルチセクシュアルという言葉を区別せずに使うことに心地よさを感じます。恋愛の指向はデミホモフレキシブル、ジェンダーはクエッショニングだけど、おおむね女性とアジェンダーのあいだのどこかに位置しています。今はノンバイナリー、ジェンダー・ニュートラル、バイジェンダー、デミガール、ジェンダーフルイド、ジェンダークィア、ジェンダーフラックスといった言葉も試しています。それから、パートナーとは1対1の関係が好きです」……ふぅ！　さっぱり意味がわからない？　安心してください、すぐにわかるようになりますから！

　本書の執筆にあたっては、私自身の調査に加えて、博識な専門家チームの協力を得ることができました。チームのメンバーは事実確認や編集作業を行い、本書に含まれるすべての情報に目を通してくれています。それからもちろん、LGBTQIA+のアイデンティティのガイドを作成するには、ブロガーの存在が欠かせません。私が思うに、ブログという空間はコミュニティの声そのものです。ブログはLGBTQIA+の何百ものアイデンティティが生まれる場であり、あらゆる人を受け入れ、誰もが心地よく感じられる表現を目指してつねに疑問を投げかけ、磨きをかけているコミュニティです。そこで私は、ネットで活動するお気に入りのエキスパート数人に本書の内容チェックを頼みました。

　編集者にはゲイ、バイ、エース、アロ、クィア、トランス、インターセックス、ノンバイナリーが含まれ、コメントを寄せてくれた人たちの顔ぶれはさらに多彩です。協力者の年齢も10代半ばから30代半ばまでとかなり幅広くなっています。これほど多彩な人たちと、さまざまな視点が合わさることで、細かいところまで、かつてなくバランスの取れたLGBTQIA+のガイドになったと自負しています^(注4)。

注4：ただし、本書にどの概念を掲載し、どう説明するかについて最終的に判断したのは私です。当然のことながら、編集を手伝ってくれた誰もがすべての項目に賛成したわけではないので、本書を読んでいて反論があるとすれば、その責任は協力者ではなく、まずは私にあります。

力を貸してくれたのは、頼もしい編集協力者だけではありません。約40人のLGBTQIA+の人たちが、この企画に賛同し、多くの時間と労力を費やしてプライベートな話を聞かせてくれました。また、本書のために魅力的なイラストを描いてくれたすばらしい才能の持ち主でトランスのアーティスト、オーガスト・オステロにも感謝します(注5)。

この本の使命は？

　本書の使命はシンプルです――LGBTQIA+の多くのアイデンティティと用語について、誤解されやすく、触れられることの少ないものにとくに注意を払いながら、詳しく解説すること。たいていの場合、アイデンティティと用語にはいくつかの解釈があるので、できるだけいろいろな角度から説明するように心がけています。言葉による厳格な定義に加えて、わかりやすい図表やオンライン動画へのリンク、さらには各項目に該当する人たちのコメント(注6)なども添えています。

この本はなぜ大切なの？

　LGBTQIA+についての議論はひどく偏っています。LGBTQIA+のアイデンティティのなかでも、よく知られているゲイやレズビアンについては基本的に理解されているかもしれません。でも、道行く人に

注5：オーガストについてはこちらをご覧ください。http://bit.ly/2ctilDv　https://twitter.com/TallNerdyBean
注6：彼らのことや、彼らのアイデンティティについてもっと知りたければ、ニフティのブログやブイログ（ビデオブログ）を開設している人のことをチェックしてみてください。

マーベリックやジェンダーフラックス^(注7)といった、もっとデリケートな意味を持つアイデンティティについて尋ねたとしたら、相手は戸惑うばかりでしょう。

メディアの多くもやはり、生物学的性やジェンダー^(注8)の多様性について十分な知識を持ち合わせていません。それどころか、LGBTQIA+のステレオタイプ化された、古くさい描写を強調している場合がほとんど。私たちをそんな薄っぺらで画一的な型に押しこめるのは事実に反しているだけでなく、有害でもあり、つぎのような偏見をはびこらせることにもつながります。

- ◆ 人間にとって何よりも重要なのはセクシュアリティである。
- 例「彼はゲイ。ほかに知るべきことなんてないさ」
- ◆ 人の行動や感性は指向^(注9)によって決まる。
- 例「ゲイの男性は女らしくて、レズビアンは威勢がよく、バイは相手を選ばない。そんなの常識」
- ◆ 人の行動や感性はジェンダー・アイデンティティによって決まる。
- 例「トランス女性は女らしくて、トランス男性は男らしい、ジェンダー・ニュートラルはアンドロジナス。言うまでもないでしょ!」

こうした偏見のせいで、ステレオタイプに当てはまらないLGBTQIA+の人たちは、自分のアイデンティティが正常ではないと感じるかもしれません。私は若い人たちが、LGBTQIA+の典型的なタイプに「見えない」とか、「それらしくない」からといって、カミングアウトできずにいるという話を何度も聞いてきました。自分はゲイを名乗ることが「許されない」と思い込んだり、LGBTQIA+のコミュニティから仲間はずれにされるのを心配したりする人がいるのです。

それだけじゃありません。ステレオタイプ化された描写が広まると、LGBTQIA+になじみのない人たちばかりか、コミュニティを支援する人たちでさえ、他人をさまざまな視点から見る姿勢を失ってしまうものです。そうなれば彼らもまた、有害なステレオタイプを助長する側

注7：マーベリックとジェンダーフラックスについての詳細は108ページと119ページを参照のこと！
注8：生物学的性とジェンダーの違いについては57ページを参照のこと。
注9：ある特定の方向に向かおうとする傾向。

になってしまいます。

テレビ番組や小説のなかに、共感できる魅力的なLGBTQIA+の人はいないかと探しても、こんなキャラクターしか見つからなくてすごくがっかりします。

- ショッピングのことでいつも頭がいっぱいの「ゲイの親友」(注10)。
- 脂ぎっていて、がさつなレズビアン。必ずフランネルのチェックのシャツを着ている(注11)。
- 大人になるには経験を重ねなくちゃ、とばかりに浮気を重ねるバイセクシュアル。
- 仲間はずれにされ、孤立するトランスジェンダーの若者。
- 場面を面白おかしくするためだけに現れる、女装したみにくいパフォーマー。
- 家族から見はなされて傷ついても、勇敢に一人で生きていこうと決意するクィアの主人公。

実際には、LGBTQIA+はそんなに単純ではありません。私は主流メディアがLGBTQIA+について、もっと真実に迫り、複雑なニュアンスも含めて肯定的に伝える日が来ることを心待ちにしています。たとえばこんなふうに。

注10：注意：誤解のないように言うと、ステレオタイプに当てはまること自体は悪くありません。このタイプの人の例をあげるならこんな感じでしょうね——笑顔がとびきりすてきで、髪型はさらに魅力的。私ならすぐに友だちになるはず！　私があくまで不満に思うのは、私たちが目にするLGBTQIA+の人々の描写がワンパターンなことです。
注11：とはいえ、正直に言いましょう——チェックシャツは最高。

- アセクシュアルの傾向があるゲイの科学者。
- 信仰心の篤いキリスト教徒のバイセクシュアル。
- 高校でプロムキング(注12)に選ばれたポリアモリー(注13)でトランスの学生。
- 女装が大好きで、その趣味に真剣に取り組むノンバイナリーのボディビルダー。
- ジェンダーがはっきりしない友だちのために、ジェンダー・ノンコンフォーミングなスタイルを考えてあげる、ファッション通のレズビアン。
- 長年の葛藤を経て、ようやく父親と深い信頼関係を築いた、混血でインターセックス(注14)の人気ブロガー。

　残念ながら、主流メディアでこういう人物像が描かれるのを目にするのはずっと先のことになるでしょう。そこで本書では、真実が覆い隠されている現状に対抗し、無視と無理解にさらされてきたアイデンティティに光を当て、彼らの意見を引き出したいと思っています。

注12：プロムとは、アメリカやカナダで行われる高校最後の学年で開かれるダンス大会のこと。ダンスの後、たいていキングやクイーンを決める。
注13：複数の人と関係を築くか、それを望むこと。詳しくは用語解説の213ページ参照。
注14：インターセックスの詳細については48ページを参照のこと。

誰のための本なの？

　本書は性とジェンダーの多様性について学ぶことに関心のある、あらゆる人のためのガイドです。ただし、とくに2つのタイプの読者を想定しています。まずは「自分のラベルを探している」LGBTQIA+の人たち。きちんとした資料や教育がなければ、多様なアイデンティティが存在することを知る機会を逃してしまうでしょう。また、アイデンティティが複雑すぎて、一般的なラベルには当てはまらない人もいるはずです。言葉は正しく使ってこそ、その人のアイデンティティを認め、連帯感をもたらします^(注15)。

　それから、ラベルを探している人だけではなく、アイデンティティについて詳しく知りたいと思っているLGBTQIA+の人たちやアライ（LGBTQIA+ではないが、コミュニティを積極的に支援する人）にも、本書を読んでもらいたいと願っています。新しい考えを受け入れるには知識が必要です。そして、新しいアイデンティティについて知るのは、人間を深く理解し、共感する力を高め、世界をちがった角度からとらえる視野を養うことでもあるのです。また、新しい語彙を身につければ、アイデンティティや他人に対する魅力の感じ方を今まで以上にうまく表現

注15：109ページのヴェスパーの話はすばらしい例です！

できるようになるわけですから、いいことずくめです！

この本の使いかた

　本書では多くのラベルを紹介しますが（読者が本来の自分に自信をもち、コミュニティを見つけられることを願って）、その目的はあくまでも事実を伝えることで、特定の考えを押しつけることではありません。みなさんもここに書いてあることを利用して他人に一方的にラベルを貼ってはいけません。本書はアイデンティティを取り締まったり、人を箱に閉じ込めたりするための武器ではなく、多種多様なアイデンティティを理解したいと願う人のための用語集です。

　また、それぞれのアイデンティティがどんなもので、それをどう定義するかについては反対意見があること（そしてそれは問題ないこと）を認めなくてはなりません。紹介するアイデンティティのほとんどすべてに複数（2つ、3つ、4つ、あるいは20以上！）の解釈があり、本書は各アイデンティティの定義について、一般的な見方の一部を紹介しているだけなのです。

　それから、アイデンティティをめぐる考えは時代とともに変わる可能性があることも忘れてはいけません。たとえば「トランスジェンダー」という言葉は、1960年代に入ってから使われるようになりました。それ以前は「クィーン」や「トランスセクシュアル」が使われていましたが、今ではこれらの表現は、トランスの人々を侮辱する言葉とみなされることが多くなっています[注16]。ジェンダーに関する言葉と認識はつねに変化していて、それはとても刺激的なことです。私たちが学習と分析を積み重ねている証拠ですから。

　いろいろと言いましたが、本書のなかで自分を表現するのにぴったりだと思う言葉が見つかれば、最高です。でも、見つからなくても心配はいりません。さまざまな理由から、あえて自分にラベルを貼らない選択もあります。たとえば……

注16：ただし、いまでもこうした言葉で自分を表現する人もいるので、それが心地いいと感じるなら、使ってまったく問題ありません！

- フルイド（流動的）すぎて1つのラベルに絞れない。
- 今あるラベルのなかには、自分のアイデンティティをうまく表現するものがない。
- まだアイデンティティを形成しているところだから、急いで型にはめたくない。
- 特定のラベルから連想されるステレオタイプや期待から距離をおきたい。
- 社会に対して自分のことを説明する義務はない。アイデンティティは個人的な情報だ。
- あらゆる人を分類して箱に閉じ込めようとする社会の風潮を拒絶することに解放感を覚える。
- 単純に、自分にラベルを貼りたくない。ただそれだけのこと。望まないのだから、そうする必要はない。以上。

アイデンティティを表す名称を用いるかどうかの判断は、完全に個人の自由であり、その判断は誰からも尊重されるべきです。

　先に進む前に、お断りしておきます──LGBTQIA+の活動を理解するのは一筋縄ではいかないし、アイデンティティはとても複雑です。みなさんが本書を読んでいるあいだに、私や知識豊かなサポートチームの誤りに気づく可能性は十分にあります（それも、かなり高い確率で）。そんなときは、どうかashleymardellbook.tumblr.comに意見を寄せてください。批判やコメントについては、さらに詳しく学びたい人向けのオンライン資料集にまとめて掲載するように最大限努力するつもりです。それでは、一緒に学んでいきましょう！

SPECTRUMS

第 1 章

スペクトラム

「白黒割り切れないもの」を表現する

この本を読み終わるまでに、みなさんは数々の言葉に出合います。一つひとつの言葉がどんな意味を持っているのか、どんなふうに受け入れられているのか──。LGBT+やコミュニティについて語るとき、私たちは、いつも慎重でいなくてはいけません。でも、忘れないでください。それぞれの意味以上に重要なのは「この世の中に白黒はっきりしたものなどない」ということ。「全部かゼロか」で表せるほど、物事は単純ではないのです。

スペクトラムって、何？

性的アイデンティティと恋愛のアイデンティティ、ジェンダー・アイデンティティについて詳しく説明する前に、私がいちばん好きな話題、スペクトラムについて語りましょう。

私がスペクトラムを気に入っているのは「この世の中に、白黒はっきりしたものはない」という信念があるから。スペクトラムにはグレーゾーンとでも呼ぶべき曖昧さや、一箇所に固定されない自由さが含まれています。そもそも人間は白か黒かでは割り切れない存在なので、スペクトラムはアイデンティティを理解し、言葉で表現するときにとても役立ちます。

じつは、本書をこのセクションから始めることにもちゃんとした理由があります。これから多様なアイデンティティを学んでいくうえで、どんな概念も「全部かゼロか」で片づけられないことを理解しておく必要があるのです。多くのアイデンティティはさまざまな度合いで存在し、人によってちがったかたちで現れることがあります。これを知っておくことが、先に進むにつれてとても重要になります。

スペクトラムとは、アイデンティティの複雑さを理解するための道具、または概念です。多様なアイデンティティやその相関関係を表現するときに、視覚的な補助手段として役に立ちます。スペクトラムと言ってもさまざまな手法がありますが、代表的なのは線形モデル。このスペクトラムには端と端があり、そのあいだに空間が広がっています。これを使って、たとえば、ある人が感じる性的魅力のグラデーションを表現することができます(注17)。

性的魅力の感じ方
Experience Of Sexal Attraction

性的魅力をまったく感じない　　　　　　　性的魅力を強く感じる

注17：この方式で表現するには限界があります。性的魅力の感じ方をもっと正確に説明できるスペクトラムはほかにもあるので、のちほど紹介します。

この図を理解するのは簡単です。左端に位置する人は性的魅力をまったく感じず（アセクシュアル）[注18]、右端に位置する人は強く感じる（ゼッドセクシュアル）[注19]。それを図で表すと、こんなふうになるでしょう。

　でも、完全にアセクシュアルであるとか、ゼッドセクシュアルであると言いきれない人はどうなるのでしょう？　そうです、そんな人のためにあるのが中間のスペース！　たとえばある人は、スペクトラムの中間点とアセクシュアルのあいだに位置すると感じるかもしれません。そんな状態はグレーセクシュアリティ[注20]と呼ばれることが多く、スペクトラムで表すとこんなふうになります。

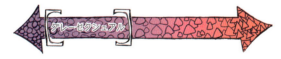

　日によって、または状況によってスペクトラム上の位置が変わると感じる人もいます。そんな人はエースフラックス[注21]の可能性があ

注18：詳しくは173ページを参照のこと。
注19：詳しくは177ページを参照のこと。
注20：グレーセクシャル──魅力をごくわずかしか感じない人、あるいはめったに、または特定の条件のもとでしか魅力を感じない人、自分が魅力を感じるのかどうかはっきりとわからない人。詳しくは178ページを参照のこと！
注21：エースフラックス──さまざまな程度の魅力を感じる人。詳しくは183ページを参照のこと！

り、スペクトラムで表すと、たとえばこんな感じになります。

 また、性的魅力は感じても、そこまで強くはないという人もいます。その場合はこんな感じかもしれません。

 アイデンティティの解釈や自分を表現する方法には、かなり幅があることがわかってもらえたのではないでしょうか。本当に納得できる方法で自分を表現するには、それなりの工夫がいります。範囲を表すカッコを使ったり、点で表現したり、矢印を添えたり、グラデーションをつけたり。とくに決まったルールがあるわけではなく、スペクトラムをどう描き、自分をどう位置づけるかは、すべて自分次第。自分にふさわしい最高の表現方法は、自分で決めればいいのです。

正解は1つじゃない！

 具体的に考えてみましょう。たとえば、これまでに出てきた5つのアイデンティティ（アセクシュアル、グレーセクシュアル、エースフラックス、ゼッドセクシュアル、性的魅力を強くは感じない人）をそれぞれ自認している人たちがいるとして、同じスペクトラムに自分の位置を描きこんでもらうと

します。可能性として、3つのパターンを考えてみました。

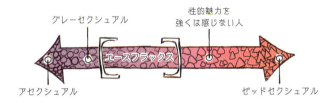

- **アセクシュアル**
「スペクトラム上の私の位置はここ。いちばん左端のところ」

- **グレーセクシュアル**
「私のグレーセクシュアリティはかなり安定しているから、点で表すのがぴったり。性的魅力はわずかに感じるくらい」

- **エースフラックス**
「私はエースフラックスで、性的魅力を感じる度合いがほんの少しから中くらいまで変化するから、その範囲を表現するのにカッコを使いました」

- **性的魅力を強くは感じない人**
「私は単純に、スペクトラム上の自分の位置を真ん中より少し右寄りにしました。性的魅力を感じるのは確かだけど、すごく強いわけじゃないから」

- **ゼッドセクシュアル**
「私はスペクトラムのいちばん右端に位置しています。アセクシュアルなところはまったくありません」

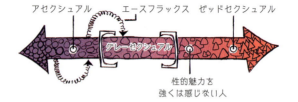

- **アセクシュアル**
「スペクトラムのいちばん端に位置するわけではありません。ほんの少し性的魅力を感じることがあるけど、それでも自分はアセクシュアルだと思っています」

- **エースフラックス**
「ばねの矢印は、私が感じる性的魅力の度合いが大きく変化する様子を表しています！　その度合いはゼロに近いところから真ん中あたりの手前まで。それ以上強く性的魅力を感じることは決してありません」

- **グレーセクシュアル**
「私のグレーセクシュアリティを単純に1つの点で表すことはできません。カッコで示したスペクトラムの真ん中付近が、私が感じる性的魅力の程度を表しています」

- **性的魅力を強くは感じない人**
「性的魅力を多少は感じるけど、ほかの人ほど強くないと思うことがある。スペクトラムではそれを点で表現しました」

- **ゼッドセクシュアル**
「誰にも負けないくらい性的魅力を強く感じるとは思わないけど、感じるのは確かだから、自分ではゼッドセクシュアルだと思っています」

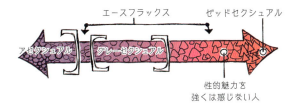

- **アセクシュアル**
  「私が感じる性的魅力の強さはずっと一定じゃありません。とはいえ、いちばん強く感じるときでもそれほど強くはないので、自分のアイデンティティはスペクトラムに記したカッコの左側にあります」

- **エースフラックス**
  「私が感じる性的魅力のレベルは2段階あって、それを行ったり来たりしている。そのレベルがスペクトラムのどのあたりにあるか矢印で表しました」

- **グレーセクシュアル**
  「自分がどれくらい性的魅力を感じているのかは必ずしもはっきりしないけど、スペクトラムに示したカッコの範囲のどこかに位置します」

- **性的魅力を強くは感じない人**
  「私が性的魅力を感じる強さは点で示したこの辺り」

- **ゼッドセクシュアル**
  「私のアイデンティティはごく単純。性的魅力を強く感じるから、右端に点で表現しました」

　これまで見てきた線形スペクトラムは役に立ちますが、じつは限界もあります。複雑なアイデンティティのすべてを正確に表現するには、たいてい奥行きが足りないのです。たとえばジェンダーについて考えてみましょう。インターネットで「ジェンダー・アイデンティティ・スペクトラム」と検索すれば、両端にそれぞれ「男性」「女性」と書

かれた線形スペクトラムがたくさん見つかるはず。これは、私たちの社会がジェンダーを二元論的(注22)なレンズを通して眺めていて、男性と女性以外のアイデンティティをほとんど認めないからです。

　言うまでもなく、このような世間一般のものの見方には見落としがあります。男性とも女性とも結びつかないジェンダーが現実にたくさん存在するため、線形スペクトラムだけではジェンダーを表現しきれないのです。「男性」でも「女性」でもないアイデンティティの持ち主を、男女のあいだに位置づけるのは無理があるわけです。

　そこで線形スペクトラムに代わるモデルの一例となるのが、カラーホイールです。このモデルでは円の中にいくつものアイデンティティが点在していて、色が混ざっているところはアイデンティティが重なっている状態を表しています。たとえば、こんなふうに(注23)。

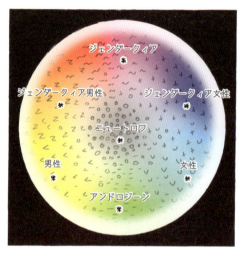

注22：性別（sex）とジェンダーを男性と女性の2種類のみに分ける、画一的な分類法。詳しくは54ページを参照のこと。
注23：ラベルの意味がわからない？　詳細は43ページから始まる「ジェンダー」の章で学びましょう！　それから、精いっぱい調べたのですが、このジェンダー・ホイール・カラーを最初に考えだした人を見つけて連絡を取ることができていません。何かご存じの方は、名前を表示したいのでashleymardellbook@gmail.comまでお知らせください。

28

点を1つ打つだけではしっくりこないなら、点をいくつも打ったり、ある部分をマーカーで塗ったり、矢印を描いたり、自分がいちばんいいと思う方法で自由に表現してかまいません。たとえば、ちがったジェンダーのあいだで揺れ動いていると感じたり、複数のジェンダーと結びついていると感じたりするなら、カラーホイールはこんなふうになるかもしれません。

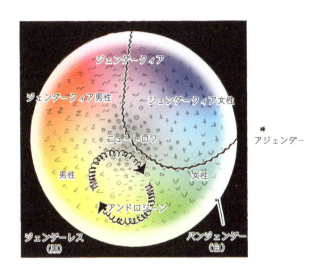

　さらにユニークなスペクトラムもあります。トランス学生教育リソース（TSER）というグループが考えた「ジェンダー・ユニコーン」です。本書への掲載許可をもらったので、例を紹介します。

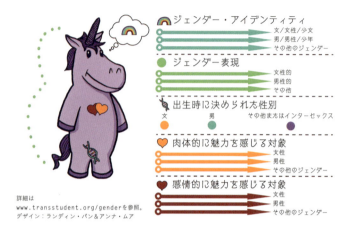

具体的な利用方法を理解してもらうために、私のアイデンティティをジェンダー・ユニコーンで表現してみます。

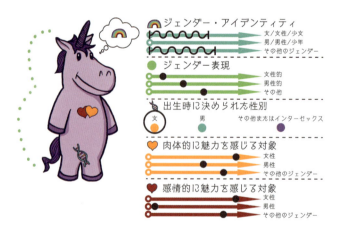

30

- 私のジェンダーはフルイドです。自分に女性的な面があると感じることもあれば、アジェンダーだと感じることも。ときにはその2つのジェンダーが混ざっていると感じることもあります。

- 私のジェンダー表現は女性的というより、むしろ男性的。でもそれ以上にアンドロジナスです。

- 出生時の性別は女性を割り当てられました。

- 肉体的には複数のジェンダーに惹かれます。ただし、ふだんは女性に魅力を感じることが多く、つぎにノンバイナリーな人たち、そのつぎに男性に惹かれます。

- 感情的には女性とノンバイナリーに惹かれることが多いです。でもときどき、男性に魅力を感じることもあります。

　このスペクトラムのすごいところは、自分のアイデンティティのいくつもの面を表せるところ。アイデンティティの要素には、ジェンダー・アイデンティティ、ジェンダー表現、出生時に決められた性別、肉体的に魅力を感じる対象、感情的に魅力を感じる対象などがあります。ほかにもスペクトラムによってモデル化できる概念として、つぎのようなものが考えられます。

魅力を感じるのに必要な条件

私が性的魅力を感じられる相手は
I'M CAPABLE OF BEING SEXUALLY ATTRACTED TO SOMEONE WHO:

まったく知らない人 — よく知っていて、感情的に強い結びつきがある人

あるアイデンティティを自覚する度合い

自分のジェンダーをどれだけ強く感じているか
HOW INTESELY I EXPERIENCE MY GENDER:

自分のジェンダーに無関心である — 自分のジェンダーをとても強く感じる

誰かに魅力を感じる度合い

ここでいう魅力には、性的魅力、恋愛的魅力、感覚的魅力、プラトニックな魅力、美的魅力、感情的親密さとしての魅力などが含まれる[注24]。

ある魅力を感じる強さ
（性的魅力、恋愛的魅力、感覚的魅力、プラトニックな魅力、美的魅力など）
THE INTENSITY YOU EXPERIENCE CERTAIN ATTRACTIONS:

魅力をまったく感じない — 魅力をとても強く感じる

注24：これらの魅力の詳細については146ページの注釈を参照のこと！

ポリアモリー

私の立場
I am:

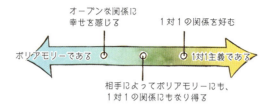

……その他多数！

　線形、ホイール、ユニコーンのどれも好きになれなくても心配ありません！　みなさんは自分に合う方法で、あらゆるアイデンティティを正確に表現する自分だけのスペクトラムをつくってください！　実際にたくさんの人がそうしているし、なかには驚くような独創性を発揮している人もいます。

　私が知っているのは、3次元の球体や惑星、散布図、棒グラフ[注25]、ベン図、宝の地図など。友だちのチャーリーは自分のジェンダーを銀河にたとえて表現しています。具体的にどんなものか、話を聞いてみましょう[注26]。

注25：棒グラフでアイデンティティを表現する具体例は120ページを参照のこと。
注26：チャーリーについてはこちらをご覧ください。http://bit.ly/2c3dVFR https://www.youtube.com/c/goodtimecharlie

宇宙のどこかに、自分だけの居場所がある

　私はこれまで、社会で広く受け入れられている厳格な二元論に照らして、自分のジェンダーはどこにも当てはまらないと感じていました。それでちょっと調べてみたら、ジェンダーが二元論の枠組みにとらわれないと考えている人が大勢いるんだと知りました。そういう人たちは自分の状態を、男にも女にも、その中間にもなれる線形スペクトラムで表現していたんです。これは自分の感覚に近いと思ったけど、それでも私には男女が混ざり合っている感覚はなかった。

　自分のジェンダーは異質なものなのだと感じていたあるとき、スペクトラムを1つの惑星として表現している図を目にしました。そこには誰も足を踏み入れたことのない土地や山、島など、男女のあいだ以外にもたくさんの空間がありました。これは自分の感覚にさらに近づいた気がしたけど、まだ窮屈な感じでした。

　私にとってジェンダーは無限の宇宙。ジェンダーの感じ方は人それぞれ。ときにははるか宇宙にあるブラックホールや星団みたいに、ジェンダーを持たない人もいます。あるいは、いくつもの色を放ち

ながら爆発する銀河のように感じることもあるかも。一生を女性の惑星にだけとどまって過ごす人もいれば、いくつかの惑星を自由に飛びまわる人もいるかもしれない。私のジェンダーを表現するには「ノンバイナリー」以上にしっくりくるラベルが見あたらないんですが、ジェンダーの宇宙を描くと安心できます。ジェンダーの無限の宇宙には、誰もが自分だけの唯一無二の居場所を持っているんです。

　自分自身の複雑なアイデンティティを表現するには、すでにあるスペクトラムモデルだけでは十分ではないでしょう。アイデンティティの細かい特徴や前提条件などをぜんぶ表現するのは難しく、自分なりの工夫が必要です。たとえば、このあとで説明するノボセクシュアリティ（注27）という性的指向には、前提となる条件や状況がいくつも組

注27：ノボセクシャルな人というのは、自分が経験しているジェンダーによって魅力の感じ方が変わる人のこと。詳しくは170ページをご覧ください！

35　｜　第1章 スペクトラム

みこまれています。そのため1つのスペクトラムに小さな点を書き入れるだけではとても表現しきれず、細かい注意書きが必要になります(注28)。たとえばこんなふうに。

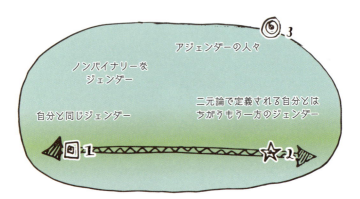

私が性的に魅力を感じる対象
WHO I'M SEXUALLY ATTRACTED TO

1　私は自分が男性だと認識しているときはゲイだ。そのときは必ず、かなり強く男性に魅力を感じる。

2　自分が女性だと認識しているときは、男性に魅力を感じる。少し複雑だけど、性的に魅力を感じるには、相手の男性のこと深く知る必要がある。自分が女性であるときは、デミセクシュアルなのかもしれない。

3　私はときどき、自分がアジェンダーだと感じることがある。そんなとき、性的に誰に魅力を感じるかについて、ジェンダーが重要な役割を果たすことはない。つながりを感じられるなら、ジェンダーに関係なく相手を好きになるかもしれない。だから、スペクトラム全体を円で囲んでいる。

注28：ただし、気のきいた注釈ならいつでも大歓迎です。

これまでの例からもわかるように、視覚的なスペクトラムにはアイデンティティを単純化しすぎる傾向があるという欠点があります。しかし、不完全だとしても、スペクトラムがアイデンティティに対する視野を広げてくれるのは確かです。なぜなら……

◆ 二元論に一石を投じるから。

例 「ジェンダー・ニュートラルなトイレが必要なのでは？　男性か女性のどっちかだけだっていうの？　そんなのまちがってる、ほかにもすごくたくさんのジェンダーがあるんだから。このスペクトラムを見てよ！」

◆ アイデンティティの強さに幅があることを認めているから。

例 「私はジェンダーフラックスだから、スペクトラムではそれを色の濃淡で表してます。女性だと強く感じる日は点を濃い紫、やや女性だと感じる日は明るい紫、女性の感覚がほとんどない日は淡い紫、って感じに」

◆ 変化と流動性を認めているから。

例 「私のアイデンティティはしょっちゅう変わるから、スペクトラム上では点じゃなく幅をもたせて描くことが多い！」

◆ 中間を許容しているから。

例 「私はインターセックス。性別は男でも女でもないけど、どちらかというと、そのあいだのどこか。スペクトラムのちょうどこのあたり」

◆ LGBTQIA＋のコミュニティへの参加を促す。

例 「コミュニティの一員になるのにゲイである必要はない。バイセクシュアルでも、クエッショニングでも、何でもOK！　スペクトラム上には、LGBTQIA＋に含まれるアイデンティティがたくさんあるのだから！」

◆ 言葉では表現しきれないアイデンティティを描写できる。

例 「あのね、私ってかなりアセクシュアルなの」「……それってどういう意味？」「じゃ、スペクトラムで感覚を説明するね」「なるほど。そういうことか！」

- ◆LGBTQIA＋のコミュニティが、一般に思われているより広範(こうはん)で多様だと教えてくれる。
- 例「ジェンダーのカラーホイールには、ずいぶんたくさんのアイデンティティがあるのね。聞いたこともないのがある！ すごくクール、もっと知りたい！」

スペクトラムは視覚的モデルばかりではありません。概念として言葉で表現することもできます。なかには紙に描こうとしても、スケールが大きすぎて収まらないものもあるかも。そんなときは無理に描かなくてOK。あるアイデンティティがスペクトラム上に存在することを話して、わかってもらえばいいんです。会話をしながら、ジェンダーにはいろんな可能性があるし、その強さも十人十色だと伝えてみましょう。

ジェンダーってスペクトラムで表現できるの。知ってた？

うん、両端が男と女のやつだろ？

じつは、それだけじゃないの！

え、そうなの？　なんだかおもしろそうだね！
僕の知らないスペクトラムを描いてくれる？
見てみたいな。

うーん、そんなに単純じゃないの。
新しいジェンダーが毎日のように発見されて、
受け止められているから。
終わりがないし、いつも変化する。
絵を描くだけじゃジェンダー・スペクトラムを
完全に表現できないかもしれない。
まず知ってほしいのは、ジェンダーは
タイプも強さもさまざまだってこと。
ちょっと話してみない？

いいね！

第1章 スペクトラム

どんな表現を使うか、決めるのはその人自身

　結局のところ、スペクトラムはアイデンティティを説明し、視覚化するための枠組みにすぎません。アイデンティティを表現するために、スペクトラムを利用するかどうかは個人の自由なんです。

追伸：自分のスペクトラムにクエッションマークを書きこむのもおすすめ——実際、私はそうしていました！

　例として、私がスペクトラムモデルを使い始めた頃につくったもののうちの1つを次のページで紹介します。（これは不完全で、二元論的な見方から脱け出せていません。私がまだ若かったからですが、人はたった数年で多くのことを学べるものですね！）

　スペクトラムについては十分に学んだので、その知識を使ってみましょう。1枚ページをめくって、枠のなかに今の時点で自覚しているあなたのアイデンティティを描いてみてください。スペクトラムは線形、円形、球形のほか、どんなかたちでもかまいません。それから、スペクトラムには点や濃淡、矢印、注釈、クエッションマーク、メモなど、いろいろと書き加えてみましょう！

　そして、1年くらいして自分を見つめなおしたくなったら、もう一度同じようにスペクトラムを描いてください。ときの流れとともに、自分と自分のスペクトラムがどれくらい変化するのか確かめてみるとおもしろいかもしれません。

アシュリーが21歳のときの
アイデンティティ・スペクトラム

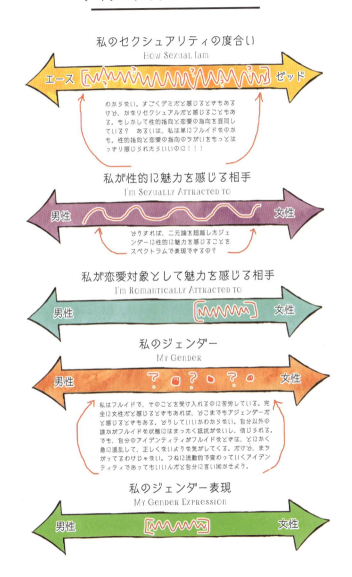

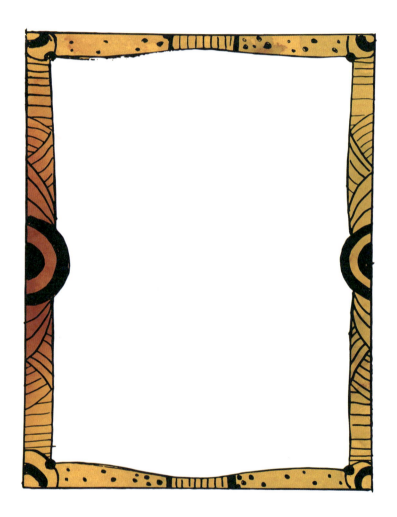

GENDER

第 2 章

ジェンダー

自分にとっての真実を探して

これから解説していく用語のなかには、複雑な定義のも
のもあります。でも、そのすべてを暗記することが目的
ではありません。大事なのは、どんな人たちが、どんな
感覚でその言葉を使おうとしているのか、理解しようと
試みること。肩の力を抜いて、リラックスして読み進め
てください。

さぁ、ジェンダーのセクションにやってきました！　用語解説とスペクトラムの章が複雑だと感じた人は、シートベルトをしっかり締め直してください。この先はスリルいっぱいの道が待っていますから！じつのところ、本書で取り上げる概念のなかでも、ジェンダーはいちばん難解だと思います。

「生物学的性」って、何？

　ジェンダーを定義するのはとても難しいので、もう1つの基本的な概念である生物学的性（sex）とは何かを確認することから始めましょう。

　まず気づいてほしいのは、私たちの文化は生物学的性に関する誤解であふれているということです。

「人間をはじめとする多くの生物を生殖機能に基づいて分類する2つの主要な区分（男女・雄雌）のいずれか」（Oxford Dictionary, 2016）

　これが生物学的性の一般的な定義で、多くの人の共通理解と言えるでしょう。けれども、生物学的性に関して正しく理解されていないのは、それがじつは「社会的につくられた概念」だということです[注29]。生物学的性は人がつくり上げた分類方法にすぎません。

　どうか、勘ちがいしないでくださいね。私たちの身体的な特徴は社会的につくられた概念ではありません。髭の有無やXY染色体、血管を流れるテストステロン（男性ホルモン）の量といった人間の体の特徴は、客観的な事実です。でも、ある人にそういう身体的な特徴があるから「男」だとラベル付けするのは人間なのです。だって、そもそも体の器官に男も女もありません。器官はあくまで、器官でしかないのです。

注29：社会的につくられた概念であることは、必ずしも悪いわけではありません。お金や時間管理、信号など日々利用されている便利な社会的概念もたくさんあります。ただし、便利だからというだけで、有害ではないと言い切ることもできません。お金などはその典型です。たとえば、「性別（sex）」という概念は、二元論に基づいた不正確な方法でできていて、決まったかたち以外を認めないなど、有害な面もあります。これについては本書でこれから掘り下げていきましょう。

生物学的性の２つの区分には男と女があります。この分類の主な基準はつぎのとおりです。

- **染色体**
- **ホルモン**
- **配偶子**（受精時に結合する半数体細胞、つまり精子と卵子のこと）
- **第１次性徴**（出生時に認められ、生殖に直接関連する特徴）
  外性器（外陰、陰核、陰茎、陰嚢）
  内性器（子宮、卵巣、精巣上体、前立腺など）
- **第２次性徴**（思春期に発達する特徴）
  体毛
  髭
  筋肉と脂肪の比率
  喉頭の大きさ
  乳房

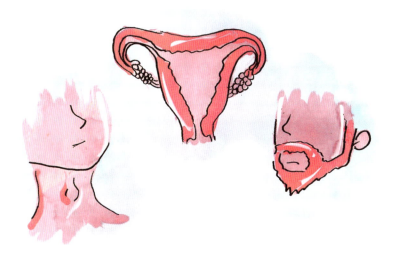

45 ｜ 第２章　ジェンダー

それぞれの区分について社会が考える「完璧なサンプル」は、こんなふうになるかもしれません。

「理想の男性」	「理想の女性」
テストステロンが多い	エストロゲンが多い
XY染色体	XX染色体
精子	卵子
陰茎	外陰
睾丸	子宮
髭の発毛	髭がないか、ほとんどない
低い声	高い声
広い肩	大きめのヒップ
筋肉質の体格	乳房

　でも、この表のどちらとも完全に一致しない人はどうすればいいんでしょう？　みなさんの知り合いのなかにも、少なくとも何人かはそんな人を思い浮かべることができるはずです。たとえば、髭がほとんど生えない男性はいませんか？　それから友だちのなかに、髭が生えている女の子はいませんか？　きっといますよね。

　もし心あたりがなければ、今ここで紹介しましょう――この私です。私の顔には長くて濃い色の毛が10本くらいぽつぽつと生えているんです。2年前なら、そんなこと絶対に認めなかったと思います（それが今、本に書いているなんて！）。前は自分のあごに生えた毛のことをすごく不安に思っていたけど、その後、髭が生えている何人もの女性に出会いました。私みたいにまばらに生えている人もいれば、唇の上がふさふさしている

46

人も。なかにはあご髭(ひげ)を生やせるくらいの人もいました。今では、女性の顔に毛が生えているのは自然なことで、めずらしくないんだと知っています。

　もっと例があった方がいいですか？　世の中には、肩幅の広い女性や喉仏が目立つ女性もいれば、乳房が発達し、精子をつくれない男性もいます。私たちは、生物学的なパターンは存在しても、それが厳格な法則ではないのだと理解しなくてはなりません。

　ところが、私たちは生物学的性（とジェンダー）について語るとき、まるで法則があるかのように話すことがよくあります。しかも、体がそれに従っていないと、劣っているとか、奇妙だとみなされてしまうのです。これには抗議の声を上げなければいけません。

　さらに踏み込んで、ある人の身体がこんなふうだったらどうなるか考えてみましょう。

◆ 髭がない
◆ 乳房が発達している
◆ 膣に似た生殖器がある
◆ 性染色体の組み合わせがXY
◆ 内部に精巣がある
◆ 子宮がない
◆ 体毛がほとんど、もしくは
　まったくない

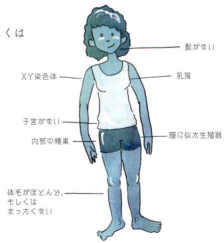

47 ｜ 第2章　ジェンダー

こんな人については、「男」か「女」のどちらかに分類するのはかなり難しくなります。もしかすると、みなさんは今こう思っているかもしれませんね。

「生物学的性が2つしかない理由は、実際にイラストみたいな特徴を持つ人間はいないから[注30]。仮にいたとしても、本当に例外中の例外。どっちにしても、そんな人には1度も会ったことがない！」

　こんなふうに思っているとしたら、じつは約200人に1人がインターセックス、つまり社会が考える男か女という概念のどちらにもぴったり当てはまらない人だという事実[注31]を知ると驚くかもしれません。フェイスブックの友だちが200人以上いるとしたら、たぶんもうインターセックスの人と知り合いなんです！

　ある人がインターセックスかどうかは、本人が言わないかぎり、ほとんどの場合わかりません。例として先ほど紹介したモデルについて考えてみましょう。仮にこの人と道ですれちがったとして、相手がどんな染色体やホルモン、生殖器を持っているか、わかりますか？　もちろんわかりませんよね。外見でわかるのは第2次性徴（乳房、身長、顔のつくり、髭がないこと）だけです。そして、これらはその人の生物学的性に関する特徴の一部でしかないのに、あなたはこの人を女性だと判断するでしょう。たぶん、意識的にそうするわけではありません。相手を見て「まちがいなく女だ！」とはっきりと思うわけではないでしょう。でも、あなたはきっと、無意識のうちにラベルを貼っているはずです。

　偏った生物学的特徴に基づいた、恣意的で単純化された分類は、いたるところでみられます。たとえば、世界中で誕生する赤ちゃんは、日々ぞんざいにラベルを貼られています。生殖器をちょっと見ただけで、それが外陰部みたいだったらもう決まり。医師が出生証明書にペンを走らせ、その子はその先ずっと女の子として生きることになるんです。

注30：イラストの特徴は気まぐれに挙げられたものではないかと思われるかもしれませんが、実際に完全型アンドロゲン不応症の多くのインターセックスの人々に見られる特徴です。
注31：研究論文 "Living with Intersex/DSD" by Jantine van Lisdonkによる統計より。

48

　乳児の生殖器というのはときどき判別するのが難しいことがあって、医師は二元論的な生物学的性のどちらのラベルを貼るべきか迷うことがあります。そんなときには外科的な介入が行われることも。これは「社会的により望ましい性徴」(注32)に導くため、人の体の外見やホルモンを変える手術です。ところが、生物学的性とジェンダーに対して理解が深まるにつれて、手術に反対する声が上がり始めています。医療機関や保護者に対して、子どもたちの体に何をするかは、子どもたち自身が決めるべきだという声が高まっているのです。手術について、クラウディアが思いを語ってくれたので紹介しましょう(注33)。

注32：46ページの表の「理想の男性」「理想の女性」にあげられているような特徴。
注33：クラウディアについてはこちらをご覧ください。http://bit.ly/2cxBJwT　http://fullfrontalactivism.blogspot.jp/

私たちの身体を勝手に変えないで！

　私はクラウディア、インターセックスです！　インターセックスというのは、伝統的に「男」または「女」の特徴と考えられてきたものを併せ持っている人のことを指します（どちらにも当てはまらない特徴がみられたりもします）。こうした体は男女に分類するのが難しいので、インターセックスであることは「治療」が必要だとみなされることも。親や医師は、私たちの体を「正常な」男の子や女の子に近づけようと、身体的特徴を変える手術や、その他の処置を施すのが一般的です。本人の同意なしに決められた処置は私たちの健康に有害だし、肉体や精神面、感情に消えることのない傷を与えるかもしれません。

　健康で何の問題もなく機能している体の一部、たとえば、生後間もない赤ちゃんの左手の小指を取り除くのが慣習になっている社会があると聞いたら、ぞっとしますよね。メディアが大きく取り上げ、論争が巻き起こるにちがいありません――ほとんど誰もが、とんでもなくひどいことだと思うはず。ところが、親や医師がインターセックスの赤ちゃんや子どもの体の一部を切除するのは、私たちを助けることになるからと、多くの社会で容認されてきたんです。でも、

実際にはそんなことありません。

　人は誰でも自分の肉体について決める権利を持つべきです——どんな自分でありたいか、体のどの部分をそのままにして、どの部分を修正するのか、きちんと自分で決められる権利を。インターセックスの子どもたちからその権利を取りあげるのは許されないこと。インターセックスの活動家たちはこうした慣習を撲滅しようと努力しています。

　インターセックスの誰もが手術を受けるわけではなく、多くの人は「典型的な男性」または「典型的な女性」の生殖器に似た器官を持っています。そのため、そうした人たちは思春期か大人になるまで、自分がインターセックスだと知らずにいることがあるし、なかには一生知らない人もいます。また、本人の同意なく手術された人でも、インターセックスだと知らされずにいることさえあるんです！

　自分の体があるべき姿ではないと知らされることは、なかなか信じ難く、とまどわずにはいられません。厳格なジェンダー二元論に強くこだわる文化のせいで、インターセックスの人たちは自分が不完全だとか、恥ずかしい存在だとか、孤立していると感じています。だからこそ私は、ノンバイナリーな視点で生物学的性をとらえる方が、現実に忠実で、健全だと思うのです。

そのためには、スペクトラムで考えるのも一案です。たとえば、こんなふうに。

　これはインターセックスが男性と女性のあいだに位置するスペクトラムです。人はこのスペクトラムのどこにでも存在する可能性があります。たとえば、男、やや男、インターセックス、やや女、女なんて具合になるでしょう。

　上のスペクトラムが三角形になっているのは、インターセックスを男女の「中間」にある状態ではなく、まったく別の生物学的性だと感じている人がいるから。また、男女の間に位置づけることは、インターセックスが不完全な性だという含みがあると感じる人もいます。

52

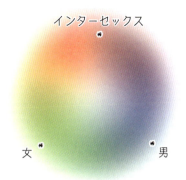

　上のスペクトラムには端がありません。これは生物学的性が無限なことを表現しています。私たちの体の特徴の種類と組み合わせはかぎりなくあるので、限界を設けられないのです。

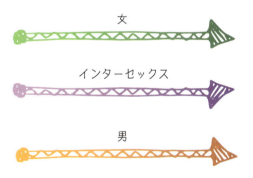

　このスペクトラムは、生物学的性が男、女、インターセックスの特徴の組み合わせで表現できることを伝えています。

　さらには、視覚的な描写を使わないで、純粋にスペクトラムのイメージとして生物学的性を頭のなかで思い描くこともできます。生物学

的な組み合わせは膨大ですから、無理に視覚的な表現を使わなくても、無限の可能性があるんだとわかっているだけでも十分なのかもしれません。なかには、どんなスペクトラムでも、性別を重ね合わせることに抵抗を感じている人もいます。それによって、もともと男女の区別のない体の部位や人の特徴を二分化し、いくつかの特徴をもって「自然」とか「正常」（多くの場合、スペクトラムで表される「男」と「女」の領域）と見なす風潮がますます広がる危険があるからです。そうなると、中間にあるものはすべて不完全で、異常だとみなされてしまう。そんなふうに感じている人は、そもそも出生時に生物学的性を決めるべきではないと考えることが多いようです。

　生物学的性にはさまざまな視点がありますが、男とも女ともちがう人たちがいることは否定できない事実です。生物学的性という点では、私たちの体はとても複雑で、見事なくらい多様です。だからこそ、生物学的性は絶対に二元的なものではありません。そんな単純なものではないのです。

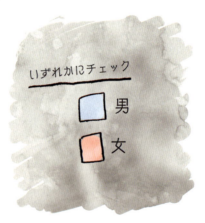

　ところが私たちの文化では、与えられたわずか2つの代表的な選択肢のどちらか一方に自分を押しこめることがつねに強要されています。役所の書類、身分証明書、医療関係の書類、投票用紙、テストの解答用紙、デートサイト、各種申請書。こういったさまざまなもので性別

が問われ、トイレさえ「出生時の性別」によって分けられています。

　生物学的性に対する社会の二元論的な見方からは逃げられません。私たちは同意していなくても、うまく当てはまらなくても、それを受け入れるように強いられているのです。

　すべての人が「男」や「女」であるための社会的条件を満たすわけではないのですから、こうした状況には問題があります。本当のことが本当のこととして認められなかったら、インターセックスの人々は自分たちが不適切な存在であり、孤立していて、世の中から消し去られていると感じるかもしれません。だから私たちは、典型的な「男」と「女」という箱に収まらない人たちのため居場所をつくらないといけないのです。インターセックスは実際に存在しているし、彼らの性がほかのどんな人の性にも劣ることはありません。

ジェンダーって、何？

　本書のこの部分については114兆回くらい（推定）書き直しています。

　正直に言って、ジェンダーは複雑なので、私自身まだ理解を深めているところです。この概念を完全に理解している人はめったにいない

し、ジェンダーに関する権威も存在しないと思ってます。もちろん私も権威ではないので、このセクションの前置きとして、こうお断りしておきたいと思います。ジェンダーに関する私たちの知識はどんどん広がっていて、多くの人がジェンダーとは何かについて、それぞれ自分なりに理解しようとしている、と。だから、みなさんと私の理解はちがっているかもしれません。

これから紹介する用語の多くについてはゆるぎない定義があるわけではないので、私の説明は1つの声でしかありません。ですから、私の言葉をルールだとは考えないでください。みなさんには批判的に、自分の頭で考えてもらいたいと思っています。もちろん、私なりに考えをよくまとめて、ためになるジェンダーのガイドを届けられるように最大限の努力はしてきました。では、始めましょう！

ジェンダーを正確に定義するのが難しいのは、1つにはジェンダーという言葉が文脈によって変わるからです。

個人の特性について用いるとき、「ジェンダー」はこう定義できます。

◆ 男性である、女性である、その両方である、そのどちらでもない、両者の中間である、もしくはそれらとはまったくちがう何かである状態。
　例 「私のジェンダーはニュートロワです」

社会的な文脈では、「ジェンダー」はこう定義できます。

◆ 典型的には、個人を男性と女性のどちらか一方に属するものととらえ、その分類に基づき、役割や行動、表現、特徴に関して、特定の期待を抱く社会的分類システム。
　例 「『ジェネリック・アパレル・ストア』へようこそ。私たちはジェンダー別に服を用意しています。『女性コーナー』はこちら、『男性コーナー』はあちらです」

まずは個人の特性について用いるときの定義から見ていきましょう。

- 男性である、女性である、その両方である、そのどちらでもない、両者の中間である、もしくはそれらとはまったくちがう何かである状態。

生物学的性と比べて、つかみどころがありませんね。ジェンダーは、物理的な要素（染色体、ホルモン、生殖器、身につけている服等）で決まるわけではなく、自己理解と自己認識によって成り立っています。

ごく簡単に言えばこうなります——出生時に決められた性は私たちの生物学的特徴に基づいているのに対して、ジェンダーは生物学的特徴を超えて「自分が何者なのか」という感覚に基づいている、と。

こう考えると、どんなジェンダーも不適切なんてことはありません[注34]。二元論的なジェンダー（つまり男性か女性）でもいいし、ノンバイナリー[注35]（つまり男性でも女性でもない状態、同時に複数のジェンダーを持っている状態、複数のジェンダーのあいだを揺れ動いている状態など）でもいいし、ジェンダーを持たなくてもかまわないのです。

用語の詳細についてはこのあとすぐに説明しますから、まだ意味がわからなくても焦らないように！　ここで理解してもらいたいのは、ジェンダーの正当性を決める規則などないということ。また、どんなジェンダーも、本質的にほかのジェンダーより自然で妥当だということはありません。個人のジェンダーは、その人にとっての真実だからです。

注34：ただし、ジェンダーのラベルによっては不適切であったり、有害であったり、問題をはらんでいたりすることがあります。
注35：ノンバイナリーなジェンダーの詳細は111ページを参照してください。

では少し引き返して、社会的な文脈における「ジェンダー」の定義について考えてみましょう。

> ●典型的には、個人を男性と女性のどちらか一方に属するものととらえ、その分類に基づき、役割や行動、表現、特徴に関して、特定の期待を抱く社会的分類システム。

私は先ほど、ジェンダーを決定する規則はないと言いました。反対のことを言うようですが、社会的文脈に照らすと、ジェンダーは規則とプレッシャーにさらされています。私たちの文化はジェンダーについて、あらゆる人に絶えず期待を押しつけているのです。そのせいで人々の表現やアイデンティティが制限され、規範に収まらないものに寛容ではなくなるのだとしたら大問題です。

では、社会は実際のところジェンダーをどう見ているのか？　答えは少しも意外ではありません。一般的には、男性か女性のどちらか、というきわめて二元論的な見方をしています。「男性」は私たちの文化が考える「男としての生物学的特徴」（陰茎、XY染色体等）、「女性」は私たちの文化が考える「女としての生物学的特徴」（膣、XX染色体等）と結びついています。

ジェンダーについて、社会は私たちにまず「特定のジェンダーを名乗るには、それにふさわしい体でなければならない」という規範を求めます^{（注36）}。

ただし、社会が男女それぞれにふさわしいと考えるジェンダーの規範は、体に関すること以外にもたくさんあります。いくつか例をあげてみましょう。

注36：社会はジェンダーと生物学的特徴を結びつけるだけではありません。両者を完全に混同したり、生物学的な「性別」と「ジェンダー」を同義語として誤用したりすることもあるでしょう。

◆ 男女はどれくらい知性的になれるか
◆ 男女はどれだけ稼ぐべきか
◆ 男女が着るべき服とは
◆ 男女の体つきや髪型はどうあるべきか
◆ 男女はどんなことに興味をもつべきか

ジェンダーの規範に加えて、社会にはジェンダーによる役割もたくさんあります。ジェンダーの役割とは、社会的規範に基づいて期待される、社会的な役割や地位、行動、責任を指します。

男性	女性
稼ぎ手	おしゃれ好き
世帯主	発起人
組織人	家事担当
交渉人	計画者
料理人	保護者
アスリート	トイレの詰まりを解消する係

短い髪
頭がいい
セックスのことで頭がいっぱい
ストイック
筋肉隆々スーパーマッチョ
女性に興味がある
リーダー
スーツ
ネクタイ
ズボン
知性的
指輪を買う
一家の稼ぎ手
強い
支配的
スポーツ好き

男性に興味がある
感情的
おしゃべり
純真
長い髪
ワンピース
ファッション
かよわい
家庭的
子どもを産みたい
主婦
礼儀正しい
ショッピング
子育て
思慮が浅い
メイク好き
体毛がない
貞淑

現代の私たちの文化においてジェンダーがどう見られているのか、社会が考える理想的な男女のイメージはこんなところです。どちらもジェンダーの役割と規範を反映しています。

　どちらの人物像も完全に一致する人はまずいないし、男性や女性を正しく演じるために、これらの特徴をぜんぶ備えないといけないと思う人もいないでしょう。なかには、二元論そのものを否定し、無数のジェンダーの存在を認めるべきだと考える人もいます。

　ただし、たとえ多様なジェンダーが認められるようになっても、二元論に基づいた伝統的な発想がなくなるとは思えません。それもしかたのないことです。私たちはそういう発想を子どものころから植えつけられ、あたりまえだと思っているのですから。男女別のトイレ、ジェンダー別の衣類、メディアでシス（注37）ばかりが取り上げられる状況。それが日々の現実です。よほど意識して先入観を捨てる訓練を積まないかぎり、文化的なジェンダー観の影響を受けずに生きるのは難しいでしょう。その影響は他人のジェンダーだけでなく、自分のジェンダーをどう見るかにも及んでいるかもしれません。

注37：ジェンダー・アイデンティティが、出生時に決められた性別やジェンダーと一致する人。

親友のカイがまさにその典型です。彼はトランス男性[注38]として強い意志をもって二元論を疑い、ジェンダーに期待される役割を拒んできました。2年ほど前にカミングアウトして以来、自分を愛し、トランスとしてのプライドを養っています。とはいえ、そんなカイでも、ときには内面に染みついたトランスフォビア[注39]に苦しめられているそうです[注40]。

それ、本当に自分の考え？

　内面に染みついたトランスフォビアは、自分で克服するしかない。とくに自分の体をどう受け止めるかという問題は、自分自身しか頼れない。不思議なのは、ジェンダーと体の部位は必ずしも一致しないとわかってるのに、ときどきトランスの人を「ノーマル」だと認めるのに苦労すること。これはきっと、人の体や正常さをどう見るべきか、刷り込まれてきたからだと思う。

注38：トランス男性の詳細は97ページを参照のこと。
注39：トランスフォビア：トランスの人々に対する思い込みや誤った情報のこと。偏見や虐待、ネグレクト、暴力、構造的な差別、一切価値を認めない態度などを引き起こしかねない。
注40：カイについては以下をご覧ください。http://bit.ly/2c9D1i0　https://www.youtube.com/channel/UCVJI2tEEZyri9P6pJ-C7wUQ

61　｜　第2章　ジェンダー

どんなアイデンティティの人だろうと、メディアや社会によって自分の意見が影響されることに葛藤を感じているはず。僕の場合、心で感じていることと、頭にある主張や意見が一致しないことがある。たとえば、これまでに受けた教育のせいで、トランスの人たちを正しいジェンダーとして認められないことがあるんだ。それは心で感じていることじゃないし、自分の主義でもないのに、そんな考えが頭にまとわりついている。

　この問題について気に入ってる言葉がある。
「人がある意見を持つようになるとき、頭には2つの考えが浮かぶ。1つ目はそう思いなさいと押し付けられた考え、2つ目は自分がどんな人間なのかを決める考えだ」

　結局、僕はまだ自分自身についても、トランスというアイデンティティについても違和感がある。ジェンダーについていまだに自由になれない。これはトランスの人たちの多くが直面する問題だろう。ほかの多くのコミュニティと同じように、僕たちも自分を受け入れられるように本気で努力しないといけない。シスが正しいという社会規範を長年叩き込まれてきたあとじゃなおさらだ。

62

カイが弱さを打ち明け、葛藤を語ってくれたことに感謝します。み なさんもそんなふうに感じることがあるとしても心配しないで。ひと りぼっちじゃないのですから。たくさんの人がジェンダーについて、 固定観念を振り払おうと苦労しています。誰にとっても難しい問題な のです。

でも希望はあります。ジェンダーをめぐる伝統的な考えから完全に 自由になるのは難しいけれど、少しずつ改善はしていけます。ジェン ダーをめぐる考え方をバラバラに壊し、もう一度組み立てるのに役立 つ心がけをいくつか紹介しましょう。

- ◆ 初対面の人に会ったとき、相手のジェンダーや代名詞[注41]を決 めつけない。そのかわり、相手にどんな代名詞を使っているのか 聞いてみるか、その人が代名詞を口にするまではジェンダー・ニ ュートラルな代名詞を使う。

- ◆ 本来は男女の区別などないモノ（服、デオドラント、ヘアスタイル）をジ ェンダーで区別することは、二元論的なジェンダーの役割や考え 方をいっそう強めるかもしれないと気づく。

- ◆ とにかく対話する！ ジェンダーについて敬意をもって意見を交 わし、もっと質問するようにすれば、それだけ多くのことを学べ る（自分だけじゃなく相手も）。また、対話を重ねれば、ジェンダーに ついての議論が一般化され[注42]、否定的なレッテルが取り払わ れることになる。

- ◆ たとえ気まずくても、勇気をふりしぼって声をあげる[注43]。自 分や友だちがシスセクシズム[注44]やシスノーマティビティ[注45]

注41：詳しくは80ページを参照のこと。
注42：「一般化する」の意味については用語解説を参照してください。
注43：くれぐれも安全な場合にのみ発言してください！
注44：シスセクシズム：シスジェンダーの人々がノーマルで、正しく、最良だと見なされる性差別 の１つのかたち。
注45：シスノーマティビティ：人は誰もが、もしくはほぼ誰もがシスジェンダーだという思い込み。

を突きつけられたとき、尻込みせずに声をあげる。自分の信念を伝えれば大きな自信につながるし、本当のことを知らずにいる人たちに知識を提供することにもなるのだから。

◆ 自分にもジェンダーについて学ぶべきことがあると自覚する。もう知り尽くしたと思ったら、新しい知識を身につける能力や意欲は低下する。学ぶ機会をつくるには、シスではない人たちに経験を語ってもらう場を設けるのも一案。

◆ ジェンダーに関する膨大な知識を身につけるには時間がかかるので、辛抱強く向き合う。いつも主体的にかかわらなくてはいけない、長期的な取り組みではあるけれど。

◆ メディアで発言する努力をする。まずは簡単なことからで大丈夫。たとえば、好きなテレビ番組のホームページのフォーラムで「バ

イジェンダーの登場人物がいたらおもしろそう」と発言してみる。あるいは、ノンバイナリーな人物を主人公にしたウェブコミックを書くのもおすすめ！

◆ 自分とはちがう経験をしてきた人から話を聞く。ジェンダーの多様な視点に関心を向ければ、自分の知識をさらに深め、他人への共感を高めることができる。

◆ 自分がしていることやその理由に意識的に疑問を投げかける。ジェンダーについて発想や表現をおとなしく受け入れるのではなく、文化的背景をふまえて批判的に見ること。現状がなぜそうなっているのかを深く考える。批判的に分析すれば、もっと深く知ることができる。

◆ ジェンダー表現の自由を広める[注46]。たとえば、自分のジェンダー表現で遊んでみたり、何か新しいことを試してみたり。または、友だちが既存のジェンダーにとらわれないスタイルで自己表現しているのに気づいたら、「ねえちょっと！ それ、最高にすてき!」と声をかけてみる。

ここまで、「ジェンダー」についてたくさん学んできました。個人レベルの文脈、そして社会的な文脈におけるジェンダーの意味を理解してもらえたことと思います。

ジェンダーは複雑で多彩で、その経験は人によってそれぞれです。そして、ジェンダーは多くの要素を含むコラージュだということも学びました。言葉の背景にある文脈と意味をまとめると、ジェンダーは次のように表現できるでしょう。

注46：ジェンダー表現については71ページを参照のこと。

ジェンダーとは
GENDER IS

ジェンダーは美しいほどに複雑で奥深いのです。

　ではつぎに、「ジェンダー・アイデンティティ」について学びましょう。「ジェンダー・アイデンティティ」とは、いまあげた多くの要素が組み合わさった、個人の特性を示す識別名[注47]です。それによって、ある人について、こんなことがわかります。

◆ 自分自身のジェンダーをどう理解しているか。
◆ ジェンダーをめぐる社会的システムの内側または外側で、どう振舞うか。
◆ まわりの人からどんなふうに見られたいと思っているか。

　これらの要素が結びついたとき、私たちは自分とは何かという理解を確立し、多くの場合、それをうまく伝える言葉やラベルを探そうとします。自分自身のジェンダーをどう認識し、それを他人に伝えるのにどんな言葉を使うのか。それがジェンダー・アイデンティティです。

　これで「ジェンダー」と「ジェンダー・アイデンティティ」という言葉の意味を両方とも理解することができました。では、その使い方について考えましょう。シスではない人のジェンダーを軽視するような不平等な言語を使う私たちにとっては、大事なことです。

　考えてみると、シスの人たちについて話すとき、「ジェンダー・アイデンティティ」という言葉を聞くことはめったにありません。反対に、トランスやノンバイナリーの人たちの話題では、よく耳にするはずです。きっと「ジェンダー」というコンパクトな言葉よりはるかに多く使われているでしょう。

　ときどきこの社会では、トランスやノンバイナリーの人たちには、「ジェンダー・アイデンティティ」という言葉しか使わないんじゃないか、とすら思えるくらいです。

───────────────
注47：さまざまな対象からある特定の1つを識別するために用いられる、符号や名前、数字などのこと。

「ジェンダー」と「ジェンダー・アイデンティティ」はたしかに重なり合う部分があるので、こういう状況が見られるのは無理もありません。多くの人にとって、これらはまったく同じものです[注48]。

それでも、トランスやノンバイナリーな人に対してだけ、「アイデンティティ」という単語をかたくなにつけ加えるのは（シスの人にはそう

注48：ジェンダーとジェンダー・アイデンティティが必ずしも一致しない人の例として、私の友だちのジェイクを紹介しましょう。ジェイクはトランス男性としてカミングアウトしたばかりです。彼は男性であり、以前からずっと男性でしたが、数年前にジェンダー・アイデンティティは何かと問われたら、「女性」と答えていたでしょう。その頃は、彼のジェンダー・アイデンティティは彼の本当のジェンダーを反映していなかったのです。本書の編集者のメルも、ジェンダーとジェンダー・アイデンティティが一致しないことを示すエピソードを語ってくれました。以下はメルの言葉です。「6歳のときにジェンダーは何かと聞かれたら、女の子と答えていたと思う。それが自分のジェンダー・アイデンティティだったから（自分を表現するのにいちばんよく知っているラベルだった）。その後アイデンティティを表すのにもうちょっとふさわしい言葉（おてんば）を知って、自分のジェンダーは、じつは最初からずっとおてんばだったんだって気がついた」

しないのに）、相手を傷つけてしまうことがあるので気をつけてください。

「アイデンティティ」を強調することで、その人のジェンダーがどこかつくられたような、疑わしい選択肢だとほのめかしている印象を与えかねないのです。言われた相手はひどくがっかりし、否定された気分になるかもしれません。

こうしたニュアンスの問題は、「アイデンティティ」が動詞として使われるときにさらに目立ちます。「認識する（identify）」という動詞は、トランスやノンバイナリーな人々のジェンダーがあまりちゃんとしたものではないというニュアンスで使われることが多いのです。

シスの場合	トランスの場合

　このように「認識」という言葉を使っては、まるでトランスやノンバイナリーな人たちのジェンダーは、シスの人たちとはちがうと言わんばかりです。彼らには出生時に決められた生物学的性があり、そのつぎに来るのは「ジェンダー・アイデンティティ」です。一方でシスの人たちは、いつでも「ジェンダー」だけですみます。このちがいは、シスでない人々のジェンダーはシスのジェンダーに比べて正当性に欠けたり、先天的なものではないような印象を与えるのです。

　では、どうすればいいのか？　「ジェンダー」と「ジェンダー・アイデンティティ」は、どちらも適切に使われ

れば力強い言葉です。まずは誰もが、これらの言葉をいつどのように使うべきか、慎重に考える必要があります。そのためには、自分にいくつか質問してみるといいでしょう。

- ◆ 自分はトランスやノンバイナリーについて話すとき、「ジェンダー・アイデンティティ」や「認識」という言葉を使っているか？

- ◆ トランスやノンバイナリーについて話すとき、「アイデンティティ」の代わりに「ジェンダー・アイデンティティ」を使うことがあるか？

- ◆ 一方で、シスの人々のことは、いつも「ジェンダー・アイデンティティ」ではなく「ジェンダー」ですませていないか？

思い当たることが１つでもあるなら、考え直してみましょう。トランスやノンバイナリーに言及するときに両方の言葉を使うと（「ジェンダー・アイデンティティ」だけでなく「ジェンダー」も使う）、彼らは自分たちのアイデンティティがシスのアイデンティティと同じように真剣に受け止められていると感じられます。一方で、シスの人々に言及するときにも両方の言葉を使うと（「ジェンダー」だけでなく「ジェンダー・アイデンティティ」も使う）、シスのジェンダーもアイデンティティの１つなのだと彼らに気づかせるきっかけになるはず。シスの方がトランスやノンバイナリーより自然で正当だなんてことはありません。

ジェンダーをどう表現する？

つぎにジェンダー表現について考えましょう。ジェンダー表現はつまり自分のジェンダーを明らかにすること。ジェンダーを意識し、それを他人に伝えることとも言えます。具体的な要素としては、服装や言葉づかい、しぐさ、声、名前、香り、代名詞、メイク、アート、装飾、髪型など。また、つぎの例のように、自分だけに向けられることもあります。

- 頭の中で、ある特定の声で考える。
- 靴で隠れるのはわかっていてもペディキュアを塗る。
- 自分の目にしか触れない、なにか特別な下着を身につける。
- 1人でゲームをするとき、自分のジェンダーに合ったアバターを選び、自分が好きな代名詞を使う。

もちろん、外に向けた表現もあります。

- 男性の名前で呼んでもらう。
- 女性的な髪型にしたり、髪を伸ばしたりする。
- 自分のジェンダーに合うコロンや香水をつける。
- アンドロジナス^(注49)だと理解してもらうために、女性的な服と男性的な服を組み合わせて着る。

注49：アンドロジナスについては121ページを参照のこと。

ジェンダー表現は、自分のジェンダーを他人に伝える手段になります。他人からどう見られたいか、どんなふうに呼ばれたいかを知らせる重要な合図なのです。自分のジェンダーをうまく表現できると、つぎのようなメリットがあります。

◆ 自分のジェンダーと結びつきを感じ、肯定感 (注50) が得られる。
例「口紅をつけると女性だっていう気持ちが高まる。つやつやして、女性らしくて。もし私が口紅をつけちゃいけないなら、今の私はどうしてこんなに輝いてるの？」

◆ 自然に感じる。
例「これまでの人生ではずっと『男らしい』格好をするように期待され、プレッシャーを感じてきた。自分自身を受け入れた今では、心から好きなものを着てる。借り物の衣装みたいに違和感のある『男の服』はもうたくさん。私はニュートロワだから生まれつき中性的な服に引きよせられるし、それこそ私が着るべきもの!」

◆ 違和感 (注51) を和らげる。
例「自分の体には満足できないけど、ときどきリラックスして、自分の本当の姿を想像して絵に描くと、思わず笑顔になる」

◆ 本当のジェンダーを理解してもらえる。
例「男の子の格好をしていると、たいてい『彼』という代名詞を使ってもらえるから、気分は最高!」

◆ 社会の圧力や期待から解放される。
例「私はジェンダーフルイド (注52)。自分のジェンダーを理解するのはジェットコースターに乗っているような楽しい気分なのに、それでも社会の期待に応えようとして疲れ果ててしまうことがある。ある日、そんなプレッシャーを振り切って、とにかく自分がかわいいって思うものを着ることにした。それからというもの、どんなに力がわいて自由になったか、言葉じゃ言い尽くせないくらい!　自分の見た目をどうするかは自分次第。他人にとやかく言われることじゃない」

注50：「肯定する」という表現については用語解説を参照のこと。
注51：違和感（ジェンダー違和）については90ページを参照のこと。
注52：「ジェンダーフルイド」という言葉については117ページを参照のこと。

「ジェンダー」は、非常に多くの商品に投影されています。衣類から化粧品、カミソリ、イヤフォン、日焼け止め、ペン、しおり、ロウソク、ビール、果てはサンドイッチまで、さまざまな商品がジェンダーで区分されています。男女二元論に基づいて商品が分けられていることで、何を買い、どんなふうに自己表現すべきか、誰もが暗黙の圧力を受けているのです。

……本当に？ 男たちのために（FOR MEN）？
食べ物をジェンダーで分類するってどういうこと？
みんなが食べるのに？ まったくもう……

　これについては声を上げずにはいられません。個人的に、企業やブランドが無生物にジェンダーを割り当てることは受け入れられません。私は自分の考えを手短にわかりやすくまとめて怒りを表現しようと思ったのですが、頭に血がのぼってうまく言葉が出てこないので、ローワンに登場してもらいます。ローワンは私と同じオンラインコンテンツのクリエイターで、クィアのフェミニストとしての立場から、物事を理知的に分析することができる人です[注53]。

注53：ローワンについてはこちらをご覧ください。http://bit.ly/1TSQ70B　https://www.youtube.com/user/muppetmadness

マーケティング戦略に隠されたジェンダー二元論

　人はお腹の赤ちゃんの性別がわかると、たちまち占い師になります。
「男の子だって?!　すぐにボールを蹴り始めるぞ!　パパみたいに女泣かせになるんだろうな!」
「女の子?!　きっとママは大喜びね、すごくかわいくなるわ! 家にボーイフレンドを連れてくるようになったら、パパは気が気じゃないでしょうね!」

　最近では、お腹の赤ちゃんの性別をお披露目する盛大なパーティーが定着しつつあります。一見、純粋に妊娠中の大イベントを祝う愛らしいアイディアのように思えるかもしれませんね。でも、ジョー・B・パオレッティをはじめとする歴史家は、それほど単純には考えません。子どもが生まれる前にジェンダーを知らされるようになってからというもの、親たちはかつてないほど早い時期から、ジェンダー別につくられた商品を買い揃えるようになっているというのです。

　多くの赤ちゃんは分娩室で産声を上げる前から、両親やその友人

75　｜　第2章　ジェンダー

などから服やおもちゃ、モビール、子ども部屋の飾りをプレゼント
されます。パオレッティは、1980年代になって医療技術が進歩し、
ジェンダーが出産前にわかるようになったため、企業やマーケティ
ングの専門家の行動が変化したと指摘しています。喜びでいっぱい
の未来の親たちに、ジェンダー別の商品を売り込むチャンスが生ま
れたのです。

　ピンクか青、お人形かトラック、看護師さんかお医者さん、お姫
様か怪獣。たくさんの商品が誕生の瞬間から子どもを待ち受け、そ
の後の人生にまで影響を与え続ける二元論的な枠組みをつくりあげ
ています。

　これは一見自然で、人々にとっても害のないことのように思えま
す。でも、意外なことに、ピンクはもともと女性の色だったわけじ
ゃありません。じつはほんの100年ほど前は、ピンクは男らしさの
象徴とみなされていたのです。男の子のための科学キットから女の
子のためのお化粧キット、女性用のペン、女性向け商品が男性向け
より高くなる「ピンク税」と呼ばれる格差にいたるまで、商品をジ
ェンダーで区別するマーケティングの手法は、ジェンダーに関する
人々の理解をゆがめてしまっています。

　ジェンダー二元論を人が勝手に考えたものだと批判したり、ジェ
ンダー・ニュートラルな子育てをすすめたりすると、「子どもたち
に特別な思想を押しつけている」という反論の声もたくさんあがり
ます。でも、そこで見落とされているのは、広く受け入れられてい
る「規範」も1つの思想にすぎないということ。そして二元論を打
ち壊すことだって、強要された無意味な制約より選択の自由を尊重
しようという1つの思想なのです。

　私たちは、社会が私たちに特定の表現を強いることを許すべきでは
ありません。私たちは自分の好きなように装い、話し、香りをまとう
権利があるのです。

　また、人が自己表現の方法を決めるとき、その背景には多くのしが
らみがあるかもしれません。身の安全のため、ドレスコードに合わせ
るため、親からのプレッシャー、真剣に受け止めてもらうため、何か

ある人にとっては、
女の子のイメージはこうかもしれません。

別の人にとっては、
こんなふうかもしれません。

を手に入れる条件を満たすため、収入のため、文化的または宗教的理由など。ジェンダー表現に影響を与えるいくつかの要因について、ライリーが語ってくれました[注54]。

自分を守るために、期待に沿ってふるまう

　私のジェンダー表現は、まわりに誰がいるかによって変化します。生まれたときに男と決められた私は男性的な特徴が目立ち、女性的な格好をすると危険を感じることがあります。変な目で見られたり、すれちがいざまにひどい言葉を浴びせられたりするのはしょっちゅう。トランス女性、とくに外見だけでひと目でトランスだとわかる女性は、ほかの人たちに比べて暴力を振るわれたり、殺されたりする確率が高いんです。だから、私のジェンダー表現は、本来望んでいるよりも男性的で規範的なものになりがちです。自分を守るために。

注54：ライリーについてはこちらをご覧ください。http://bit.ly/2ctjXfs　https://twitter.com/rileyjaydennis

　でも、自分を自由に表現できる場所ではよく、いかにも女性的な格好をします。アイライナーに背中が大きくあいたタンクトップ、ワンショルダーのスウェットシャツ、ヨガパンツ、ブーツなど。こういうもので装うと、まわりの人が本当の私を理解してくれる気がして心地がいいんです。それでも、私のアイデンティティにとって服装が絶対に欠かせないとは思いません——何を身につけようと、私が私であることに変わりはないのだから。

　そういう意味で、私は多くの点で典型的なトランス女性とはちがった感じ方をしています（だからこそ「ノンバイナリー」というラベルを気に入っているのかもしれません）。私は改名やホルモン療法、手術を望みませんでした。ただ私はそうじゃなかったというだけで、もちろん、トランスの人たちがそういうことを望むのは何の問題もありませんが。まさか、やがて自分がそのうちの1つでも実行する気になるとは想像もしませんでした。
　私は今、近い将来に医療的な移行をする決心をしましたが、私にとって、移行の主な目的は、まわりから本来の姿で見てもらえるようにするためです。自分の身の安全を確保し、望みどおりの自分を表現できる日を、心待ちにしています。

ライリーはジェンダー表現をめぐる大切な点に触れています。それは、他人からどう受け止められるかは必ずしも本人の望みどおりにはならない、ということ。ジェンダー表現とは、この世界で自分のジェンダーをいかに伝えるかという、ジェンダーの対外的な面です。そこには、伝えようとしていることと、自分ではどうにもならない他人の解釈という、異なる要素があります。

ライリーの話を聞けば、彼女がこれまでジェンダー表現について真剣に考えてきたことがはっきりとわかります。とはいえ、誰もが同じように深く考えているわけではありません。ジェンダーとはまったく関係ない理由で、服やメイク、香水を選んでいる人もいます。そういう人は自分の対外的な表現とジェンダーを結びつけていないのかもしれません。あるいは、自分のジェンダーがどう解釈されようと気にしないのかもしれない。それもまた個人の自由です。たとえば、AJはジェンダー表現をそれほど重視していません[注55]。

服や髪型が私のジェンダーを決めるわけじゃない

子どもの頃は服や見た目とジェンダーの結びつきに心から興味を持ったことがなかった。14歳のときに友だちからスカートをすすめられて夢中になったけど、それが自分の女の子らしさを引きだすと感じたことはなくて、「ちょっと、これすごくかわいい！」って思ったくらい。それが私のスカート時代。

それから2年たって、いつのまにかシャツと中性的な服に強く魅力を感じるように。当時はちょうどジェンダーについて学び始めたころで、まだ深くは理解してなかったな。知らないあいだにジェンダーの役割に流されて、中性的な服は「男の子用」、スカートは「女の子用」とラベルを貼っていたものだから、服を着るたびに自分のジェンダーについてあれこれ悩んだ。

中性的な服を着ても、自分は「女の子」だって感じがしたし、「女の子らしい」服を着ても、やっぱり前と同じくらい「男の子」

注55：AJについてはこちらをご覧ください。https://www.youtube.com/user/lifeofawombat

79 ｜ 第2章 ジェンダー

だって感じがした。すごく、こんがらかった気分だった。ジェンダーについて考えれば考えるほど、服を男女の枠組みに押しこめようとしていた。服によって表現するジェンダーは、自分が認識しているジェンダーとつながったものじゃないといけないし、それこそが「ジェンダー表現」だと思い込んでたわけ。

でも、そのうち自分が服を重視しすぎてたってことに気づいて、ふっきれた。「そんなのどうでもいい。着たい服を着よう！」って。最近、髪を短く切ったけど、それはただ短くしたことが1度もなくて、新しいことを試したかっただけ！　今はそれをただ「表現」と呼んでる。「ジェンダー表現」じゃなくて。だって、服や髪型が私のジェンダーと関係があるとは必ずしも思えないから。

このようにジェンダー表現は複雑です。ある人のジェンダーを映し出していることもあれば、そうじゃないこともある。自分がどう表現し、表現とジェンダーをどう関連づけるかは、個人の判断に任されているのです。

彼？　彼女？　なんて呼べばいい？

多くの言語には「文法的な性」があります。簡単に言えば、名詞の分類体系のこと。名詞をいくつかのグループに分け、ほかの品詞（形容詞、冠詞、代名詞、動詞など）との関係性のなかで体系をつくっています。

言語によっては、男らしさや女らしさとの文化的結びつきがない物にさえ、ジェンダーを割り当てています（たとえば、フランス語では、椅子は女性、飛行機は男性）。世界の多くの言語とはちがって、現代の英語の名詞には「文法的性」は存在しません。多くの代名詞がジェンダーと結びついていることを思うと不思議なことです。

では、代名詞についてはどう考えればいいでしょう？　代名詞は「代わりの名詞」ということですから、名詞を指しつつも、わざわざ正式名称を使わないときに用いられます。人に用いられる代名詞としては、「彼（he）」と「彼女（she）」が代表的です。

代名詞の種類	主語の代名詞	目的語の代名詞	所有を表す限定詞	所有代名詞	再帰代名詞
彼/he	彼/he	彼に/him	彼の/his	彼のもの/his	彼自身/himself
彼女/she	彼女/she	彼女に/her	彼女の/her	彼女のもの/hers	彼女自身/herself

　英語圏の社会では、「彼」を男性、「彼女」を女性と結びつけるのがふつうです。そのため人によっては、代名詞をジェンダー表現の1つとして用いることがあります。代名詞を適切に使えば、自分が望むように認識され、呼ばれることになり、自分のジェンダーが肯定されたという感覚につながります。でも、代名詞はジェンダーと無関係になることも可能です。（どうしてわざわざ自分のジェンダーと関係のない代名詞を使うのかって？　ちょっと待って！　その点についてはもうすぐ説明します）

　では、「ジェンダー・ニュートラル」な代名詞の代表格、「彼ら（they）[注56]」について考えてみましょう。

代名詞の種類	主語の代名詞	目的語の代名詞	所有を表す限定詞	所有代名詞	再帰代名詞
彼ら/they	彼ら/they	彼らに/them	彼らの/their	彼らのもの/theirs	彼ら自身/themselves

　この代名詞を使う理由はたくさんあります。まず、「彼ら」には対象者のジェンダーに関する情報がまったく含まれていません。自分が「ジェンダー・ニュートラル」だと認識している人や、ジェンダーを曖昧にしておきたい人にとって、「彼ら（they）」は最適な選択肢になります。

　よくある誤解は、「彼ら（they）」は複数名詞を指すときにだけ使われ、単数形の意味では文法的に認められないというもの。これは正しくありません。まったくのまちがいです。

注56：日本語では、英語のtheyに該当する「彼ら」に「彼」という男性的な情報が含まれている点には注意してください。

実際、権威ある組織として127年の歴史を誇るアメリカ方言学会は、「2015年の言葉」として"they"を選びました。ただし、それは一般的な「彼ら」ではなく、単数形でジェンダー・ニュートラルな意味で使われる「they」でした。具体的にはこんなふうに使われます。「私にはケイデンっていう名前のすばらしい友だちがいるの。theyはすごくクールで、今はthey自身のジェンダーに疑問をもってる。theyって、本当に格好いいの!」

　この代名詞が選ばれたのは大きな出来事でした!　だってみなさん、300人以上の文法学者と言語学者が、「彼ら（they）」はれっきとしたジェンダー・ニュートラルな単数代名詞だと宣言したのですから。そうなれば、誰も反論のしようがありませんよね。

　「彼ら（they）」は使いたくないけど、ほかにジェンダー・ニュートラルな代名詞はないかと思っているなら、まだほかにいくつもの選択肢があります。その一部を紹介しましょう[注57]。

e/em/eir/eirs/emself	ze/hir/hir/hirs/hirself
ey/em/eir/eirs/eirself	ze/zir/zir/zirs/zirself
ey/em/eir/eirs/emself	ze/zan/zan/zans/zanself
hir/hir/hir/hirs/hirself	zed/zed/zed/zeds/zedself
xe/hir/hir/hirs/hirself	zed/zed/zeir/zeirs/zeirself
xe/xem/xyr/xyrs/xemself	zhe/zhim/zhir/zhirs/zhirself
xe/xim/xis/xis/xirmself	zhe/zhir/zhir/zhirs/zhirself
xe/xir/xir/xirs/xirself	zie/zir/zir/zirs/zirself
xie/xem/xyr/xyrs/xemself	

　ここまでのところで、代名詞を男らしさや女らしさと結びつける社会的な圧力と、代名詞の選択肢が多様なことが理解できたと思います。忘れてはいけないのは、誰もが自分を尊重し、どんな代名詞でも使っていいということ。代名詞はあくまでもコミュニケーションのための道具であり、話題の対象になっている人をもっともよく表すことが大

注57："Pronoun Dressing Room"というすごくクールなサイトでは、さまざまな代名詞を使ってシミュレーションすることができます。http://bit.ly/2cGrB59　http://www.pronouns.failedslacker.com#pronounSelect

切なのです。だから、ある代名詞が自分にしっくりくるなら、それが社会の規範に反するとしても使うべきです。トランス男性が「彼ら」という代名詞を使い、ジェンダーフルイド（注58）の人が「彼女」を使い、デミガール（注59）が「彼」を使っても、まったく問題ありません。

　私はしばらくのあいだ、わざわざ社会的規範に反する代名詞を使う人の気持ちを理解できずにいました。ところが、友だちからこう言われて納得できました。「代名詞というのは、ほかのジェンダー表現と少しも変わらない。たとえば、服。社会にはジェンダーに応じてどんな服を着るべきか、着るべきでないかなど、無数の規則と世の中からの期待があるけど、それでも自分の好きな服を自由に試してかまわない。ある服がしっくりきて、自分にとって正しいと感じるなら、たとえそれがもう一方のジェンダーのためにつくられたものであっても、それだけの理由であきらめるべきではない」

注58：ジェンダーフルイドの詳しい意味については117ページをご覧ください。
注59：デミガールの詳しい意味については106ページをご覧ください。

人によっては、「ちがうジェンダー向け」の服を着るのは、必ずしも「正しいと感じる」からとはかぎりません。ただ楽しいからそうしている人もいます。そういう人にとって、表現をきっちりと2種類に分けることは意味がないし、息苦しく思えることさえあります。

　たとえば、「女性コーナー」の服を着たトランス男性は、こんなふうに思っているかもしれません。「どうして逆じゃだめなんだ？　男が何を着るべきかなんてルールはどれもくだらない。社会からの期待とはぜんぜんちがった格好をしてやろう！」

　こうした服装の例は、代名詞にも当てはまります。自分のジェンダーを表現するのに「正しい方法」などありません。代名詞の規範に従わない人の例としてトーリを紹介しましょう。彼女のジェンダーはノンバイナリーで、代名詞は「彼女」を使っていますが、その理由をこう説明します[注60]。

あえて、ニュートラルな代名詞を使わない選択肢だってある

　自分のジェンダーについて考えてみると、一貫性がまるでない。ワンピースを着た日には手術で胸を取ってしまいたくなるのに、蝶ネクタイをつけて男っぽくした日も思ったほどいい気分じゃない。女であることが心から嫌なのに、どうしてなのか不思議でならない。ジェンダーについて、自分のなかに変わることなくあるのは奇妙な感覚だけ——落ちつかなくて、変わっていて、基準から外れている感じ。

　だからといって、ジェンダークィアであることが異常だと悩んでいるわけじゃない。それどころか、ごくありふれた感覚だと言いたいくらい。ジェンダークィアであることを私なりに定義すると、ただ単に、奇妙だと感じるジェンダーを経験しているということ。内面にあるアイデンティティと、社会の価値観や期待の間に認知的な

注60：トーリについてはこちらをご覧ください。http://bit.ly/2cb5bIp　https://www.youtube.com/c/tori

食いちがいを生みだすようなジェンダーを経験しているだけ。

　私にとって、代名詞はこういう自己像に対して何の役割も果たさない。実際、私は代名詞には無頓着。理由はほかでもない、代名詞は極端にジェンダー分けされた社会の「指示語」であって、しかもその社会に自分の居場所はないと感じているから。そんなわけで、気がつけば「彼女」を受け入れているけど、それはみんなと同じように「正しいと感じる」からじゃなくて、単純に便利だから。たいていの人は私に会っても代名詞を聞いたりせず、女の子だと思って話をするけど、反論することはまずない。そうすれば食いちがいがもたらすダメージが少なくてすむし、正気を保っていられるから。

　矛盾するように聞こえるかもしれないけど、「彼女」と呼ばれることで、食いちがいを深くつきつめることだってできる。自分のノンバイナリーなジェンダーを「ノンバイナリーな代名詞」に「合わせる」のを拒むことで、文化のなかで与えられる厳密な期待を惑わすことができる。誰だってジェンダーに関係なく好きな代名詞を使えばいいし、私はそうすることで力を得て、社会の決まり事から解放されたように思えるの。

自分自身を表現する代名詞の選択はかなり自由ですが、トランスやノンバイナリーな人々にとってはすごく切実で、デリケートな問題なのだと理解してください。相手の立場を尊重するために、こんな言動を心がけましょう。

- 相手の代名詞がわからないときは、勝手に推測しない。ただ名前で呼ぶか、ジェンダー・ニュートラルな代名詞を使うか、まずは自分の代名詞を知らせてきっかけをつくる。
- 例 「こんにちは、私はアッシュ、代名詞は彼女を使っているの。あなたの名前と代名詞は？」
- 相手が代名詞を教えてくれたら感謝の気持ちを伝え、その人について話すときは教えてもらった代名詞を使う。
- うっかり誤った代名詞を使ってしまったときは、謝ってから会話を続ける。

85 ｜ 第2章 ジェンダー

◆ シスの人々が「ただなんとなく」、あるいはトランスやノンバイナリーな人々の会話に加わろうとして伝統的ではない代名詞を使うと、代名詞をめぐる彼らの苦しみを軽んじている印象を与えかねないので注意する。どんなときも自分が手にしている特権を意識し、自分の行動が相手の経験を矮小化（問題を小さく扱うこと）しかねないことを心に留めること(注61)。

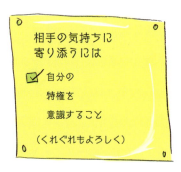

結局のところ、代名詞をどのくらい重視するかは個人の問題です。代名詞はあなたのジェンダーを表現することもあれば、そうでないこともあるでしょう。このセクションで何よりも大切なのは、相手を尊重する気持ちを忘れないかぎり、自分にふさわしいと思う代名詞を自由に使ってかまわないということ。

代名詞は誰かのことを表現するための言葉であり、どんな表現が最適なのかを決められるのは、本人だけなのです。

それから、自分が選んだ代名詞を使ってほしいと誰かに頼むとき、絶対に引け目を感じてはいけません。あなたは尊重され、アイデンティティを認め

注61：シスでありながらノンバイナリーな代名詞を「ただなんとなく」使うことは、あなたが疑問を抱いて模索しながら使うのとはちがいます。ただし、自分のアイデンティティが不確かで、自分自身をもっと知るために新しいことを試すのは、いつだってOKです！

てもらう価値があります。自分にとって正しいと判断したことが何であっても、あなたの感情は100パーセント正しいのです。

さまざまなアイデンティティと言葉
（ただし、暗記は不要！）

これまでのところ、生物学的性、ジェンダー、ジェンダー表現といった概念を解明し、これらに対する社会的な視点を批判的に分析してきました。いよいよ、ジェンダー・アイデンティティという大海原に飛び込みましょう！

彩り豊かな用語を紹介していきますが、その前にあらためて言いたいのは、本書が誰かにラベルを貼るために利用されてはならないということです。どんなかたちでも、ラベルによって相手を不快にすることがあってはいけません。

これから説明するのは、ジェンダーに関してよく使われている用語やアイデンティティ、定義のごく一部にすぎません。概念や言葉に自分をどう重ね合わせるかはそれぞれの自由です。ラベルが、個人のアイデンティティを決定するわけではありません。人によっては、自分があるラベルの「定義に当てはまる」としても、ピンとこないから使わないかもしれない。それでまったく問題ないのです。

また、多くのラベルの定義は重複しているように思えて、まぎらわしいかもしれません。たしかに類似するラベルや用語、ジェンダーもありますが、人によってはかすかなちがいがとても大切です。たくさんの言葉があるのは、多くの人がそれぞれの理由でその言葉と結びつきを感じているから。みなさんは、すべてを理解する必要はありません（確認テストはありませんから）。

もしかすると、みなさんは関連用語の多さに圧倒され、頭が混乱するかもしれませんね。そんなときのために、励ましの言葉を贈りたいと思います。たくさんのアイデンティティに関心を持ち、それを学ぼうとしているのは、それだけですばらしいことです。情報を暗記しようとせず、本書を身近な参考資料として手元に置いてください。また、

自分のアイデンティティをもっと深く知ろうと心がけてください。自分自身について何かを発見し、それまで知らなかった定義やアイデンティティに出合ったら、ラベルを貼りかえるのはいつだって自由です。

シスジェンダーまたはシス（cisgender/cis）：生まれたときに決められたジェンダーまたは生物学的性と、自己認識がぴったり一致していること。
> 例 「親友のエミリーは生まれたときに女の子と決められ、自分は女性だと認識している。つまり彼女はシスジェンダーの女性です」

男性（man）：自分を男性と認識する人。以上。

女性（woman）：自分を女性と認識する人。それだけ。

　本書のなかでも、私の気持ちがとくに高ぶってしまうのが二元論的なジェンダーの話です。
　すでに述べたように「男性」と「女性」は、解剖学的な要素と文化的な期待とが不必要に絡みついたアイデンティティです。でもつきつめていえば、どちらかのジェンダーであるために必要なのは、本人がそう認識することだけ。私たちはそろそろ、お互いの経験を尊重し、受け入れる時期に来ています。本人が自分のジェンダーはこれだと言うなら、それを尊重するべき。ジェンダーのラベルはどれも主観的なのです。ある人の定義の方が、ほかの人の定義より正しいと、誰が言いきれるでしょう？
　二元論的なジェンダーとラベルのさまざまな解釈について、チェイスの意見を聞いてみましょう。チェイスにとって、男性であることは何を意味するのでしょうか[注62]。

___

注62：チェイスについてはこちらをご覧ください。http://bit.ly/2cb4K0g　http://www.uppercasechase.com/

ステレオタイプからはみ出る

「男性であること」や「男性になること」には、多くの社会的な期待や条件がつきまといます。男は勇ましく振る舞い、支配的で、女を物と見なし、男らしくあれと言われるもの。だけど、男らしさって何だろう？　男だけがなれるものなのか？　男であることは、男らしさや勇ましくあること、支配的であること、さらには生まれ持った生殖器とも無関係な気がします。

　昔から、僕にとって男であることは、この世界を生きていくうえで自分自身が心地よくいられるかどうかの問題だった。他人から「彼」と呼んでもらうとしっくりくるけど、かなり女性的なトランス男性だから、世の中で男性だと認めてもらうには、勇ましく、そして「男らしく」振る舞うように社会的に期待されていることを日日実感します。
　こういう期待は「男らしさの固定観念」と呼ばれていて、社会のいたるところにみられる。男である唯一のあり方は男らしさの伝統的な規範に従うことだと誰もが信じているとき、この固定観念が悪さをし、誰かを傷つけるんです。子どもに対してジェンダーの役割を押しつける教育は、男らしさの固定観念を助長しています。小さな男の子が「女々しくしないで毅然としなさい」と叱られれば、「男らしさ」以外はいけないものなんだという印象を抱きます。そ

んなふうに育てられると、男であるには、男らしくあるしかないと
信じるようになるでしょう。

しかし僕にとって、男であるということは、自分の体に耳を傾け、
自分の感情を理解し、どうやってこの世界を進んでいくかを決める
こと。そして、特権に恵まれない人々のために立ち上がり、みんな
が輝いて自分を表現できる場所をつくることでもあります。

男らしさについて大多数の人が持っているイメージは、子どもの
ころから教えられた過去の知識に基づいていることを忘れないでほ
しい。男であるということは、そんなステレオタイプには到底収ま
らないものだから。

トランスジェンダーまたはトランス（transgender/trans）：ジェ
ンダー・アイデンティティが出生時に決められた性別やジェ
ンダーと一致しない人を指す総称[注63]。

トランスのアイデンティティを正確に理解するために、関連する用
語をいくつか見ていきましょう。

ジェンダー違和（gender dysphoria）：出生時に決められた性別
やジェンダーと、自認するジェンダーが一致しないことから
生じる苦痛や不快感。

ジェンダー違和には主に2つのタイプがあります。

注63：総称とは、複数のアイデンティティや指向、人々の集団をまとめて表したり、指したりする
言葉。特定の、または独立したアイデンティティを意味する言葉として使われることもあります。総
称は曖昧さを許容し、主体的でいる余地を残しつつも、私たちが大勢の人々をグループにまとめ、理
解し、言及することを可能にするため、便利です。

◆ 社会的違和：社会的状況によって引き起こされる違和感。

例 他人から、実際とはちがうジェンダーだと決めつけられたときに抱く感情。

◆ 身体的違和：個人の身体と関係する違和感。ジェンダー・アイデンティティが体の特徴と対立するときに生じる。

例 トランス男性が誰かとハグをして、自分の胸が思っているより大きかったことを思い知らされたときに抱く感情。

トランスジェンダーの人が、「本来とはちがった体に閉じ込められている感じがする」と話すのを聞いたことがあるでしょうか。メディアの伝え方のせいもありますが、本当は少しちがっています。

トランスジェンダーの人のなかにははっきりとそう感じている人もいますが（もちろんそれは何もまちがっていません）、そうでない人もたくさんいます。

かすかなひっかかりを感じる人もいれば、かなり強く、深い悲しみを感じる人もいます。また、違和をほとんど感じないか、まったく感じない人も。違和はトランスであるための条件ではありません。マイロのジェンダー違和に対する独特の考えを紹介しましょう（注64）。

ジェンダー違和の感じ方は人それぞれ

トランスジェンダーの多くは、ジェンダーについて違和感を覚え、それをきっかけにトランスとしてのアイデンティティを確立しています。でも、違和感があまりなく、まったく別の出来事がきっかけになってアイデンティティを理解する人もたくさんいます。

私の場合、「ジェンダー多幸感」を味わったのがきっかけでした。つまり自分のジェンダーが肯定されたときの感覚です。初めて経験したのは、ある子から「髪が短くて男の子みたい」とからかわれたとき。自分が笑われたのに、すごく嬉しかった!

注64：マイロについてはこちらをご覧ください。 http://bit.ly/2c9CFbn https://www.youtube.com/c/MiloStewart?app=desktop

91 │ 第2章 ジェンダー

　私は自分のジェンダーに対する感覚をはっきりと説明できるのに、身体的違和をあまり感じないという理由で、「本当はトランスじゃない」とか、「流行に乗ってトランスだと思い込んでいるだけ」と言われることがあります。違和感が少ないからトランスジェンダーじゃないと決めつけられるのには、失望します。そんなふうに言う人たちは、私が抱えてきた強い葛藤を知らないんです。

　トランスジェンダーの誰もが何らかの葛藤に悩んでいるはずだけど、トランスジェンダーであることが、そういう否定的な視点から（あるいはいかなる排他的な視点からも）定義されるべきだとは思っていません。

　結局、ジェンダーは生殖器によって定義されるものではない。だから、自分にどんな生殖器があったら自然に感じるかによって、ジェンダーを定義することなどできないんです。私は自分の女性的な声に違和感はないけれど、「彼女」と呼ばれると違和感を覚えます（注65）。でも、どちらの事実によっても、私のジェンダーは世間から詮索されるべきではありません。

注65：社会的違和の一例。

> **ジェンダー多幸感**(gender euphoria):ジェンダーが肯定されたことで得られる幸福感や心地よさ。

例 トランス女性が初めてメイクをして自分は美しいと感じたり、クラスメートから自分が望む代名詞で呼ばれるようになり、相手から認められたと感じたりすること。

マイロが触れていますが、ジェンダー多幸感はジェンダー違和の対極にある感覚です。とはいえ、身体的または社会的な事情がきっかけになるところは同じです。

> **移行**（transition）：自分のジェンダーを肯定し、違和感を和らげるために、あるがままの自分を受け入れるか、積極的に変化しようとするプロセス、またはその両方のプロセス[注66]。

　移行は外見を変えることが多いですが、それだけともかぎりません。具体的な例をいくつか紹介しましょう。

- ◆ 胸や生殖器を締めつけるなどして目立たなくする
- ◆ 「上半身の手術」（乳房の除去や豊胸）
- ◆ 「下半身の手術」（生殖器の手術）
- ◆ ホルモン補充療法を受ける
- ◆ 代名詞を変える
- ◆ 新しい名前にする
- ◆ 服装を変える
- ◆ 髪を短く切る、または伸ばす
- ◆ ボイストレーニング
- ◆ 法律上の性別や名前の変更
- ◆ 自分にしっくりくる方法で自分自身を認識する
- ◆ ありのままの自分を愛して受け入れる
- ◆ 自分のジェンダー・アイデンティティにもっとプライドを持つ
- ◆ その他いろいろ！

注66：「あるがままの自分を受け入れるか、積極的に変化しようとするプロセス、またはその両方のプロセス」という一節で、「自分を受け入れる」と「変化しようとする」の両方かどちらかと断っているのは非常に重要です。すでに述べたように、トランスの人々の感じ方は人それぞれです。自分自身を受け入れて対外的な変化（たとえば、体や名前、代名詞などを変える）を追求する人もいれば、そのどちらかだけという人もいるでしょう。人によっては、自分が移行したと実感するには、単に自分を受け入れるだけでいいこともあります。体や名前、代名詞などを変えなくても満足できることがあるのです。上記のようなことをすでに行ったか、行っている最中か、いずれ行うつもりでいても、「移行」という言葉を使わない人や、その言葉に自分を重ね合わせない人もいます。さらには、体や名前、代名詞などの変化は求めても、自分自身を受け入れるのに苦労している人もいるでしょう。自分を受け入れることは、移行や、移行に取りかかるための義務ではありません。最終的に、移行のプロセスというのは、本人が移行していると思うのであれば、誰にとっても唯一無二で、個人的なものなのです。

これが「正しい」という移行のあり方はありません。これらのいくつかを並行して行う人もいれば、何もしない人もいます。自分のアイデンティティとジェンダー表現の関係について、ライアンはこう説明しています(注67)。

周囲に合わせるためではなく、自分のために受けた手術

　テストステロン療法を始めようかと思ったのは16歳のとき。テストステロンの力を借りれば、男性として受け入れてもらいやすくなり、人生が楽になるんじゃないかと思って。でも、大きな決断だったし、たくさんの障害があったから、結局、ホルモン療法を始めるのはもう少し年齢が上がるまで待つことにしました。

　今では、待って正解だったと思っています。18歳になる頃には、

注67：ライアンについてはこちらをご覧ください。http://bit.ly/2cmHtNL　http://www.ryancassata.com/

ホルモン療法を受けたいと思わなくなっていたから。ヒゲや男らしい肉体を望まないのかと聞かれれば、欲しいとは思う。だけど、自分の歌声は変えたくない。テストステロン療法を受ければ声が変わってしまうのは避けられないですから。

　テストステロン療法は選ばなかったけど、別の方法で移行を実現しました。18歳のときに思いきって上半身の手術を受けて、自分の胸に対する違和感を取り除いたんです。手術は自分のためにしたこと。でも、テストステロン療法は社会に合わせるためでした。私は自分のためにこそ移行の決断をすべきだと気づいたんです。周囲の人の都合に合わせるのではなく、自分にとって正しい道を進むべきだと。

　今はトランスジェンダーであることが幸せだし、自分らしく生きることに満足しています。私がありのままの自分を受け入れていること。それが何よりも大事なんです。

　すでに述べたように、「トランスジェンダー」という言葉は包括的な概念です。つまり、そのなかにはちがうアイデンティティがいくつか含まれています。そこでつぎは、トランスのグループに含まれるアイデンティティをいくつか見ていきましょう。

トランス男性（trans man）[注68]：出生時に女性と決められたが、現在は男性である人。トランス男性は移行を選択することもあれば、しないこともある。

FTM：「女性から男性へ（female to male）」の略語。トランス男性を指すのにときどき使われる[注69]。

トランスマスキュリン（transmasculine）：出生時に女性と決められたが、男性としての感覚が強く、自分が思う男性的なスタイルで自己表現をする人を指す言葉。

　トランスマスキュリンの人は男らしさに結びつきを感じながらも、必ずしも自分が男性だと認識していないことがあり、具体的にはつぎのような人が含まれます。

- トランス男性
- デミガイ[注70]
- 自分は男らしいと思うノンバイナリーな人
- 自分のジェンダーがとりわけ男らしいと感じるノンバイナリーな人
- 男らしさを強く感じることが多いマルチジェンダーな人[注71]
- 主に男らしさを感じるジェンダーフルイドな人[注72]

注68：あるいは"transman"と綴られることもありますが、"trans"は形容詞だという思いから、この綴りを嫌う人もいます。「トランス男性（trans man）」は「黒人男性（black man）」や「クィア男性（queer man）」のように、ある人が持ちあわせた相交わるアイデンティティを説明する手段です。そこで"man"とつなげて"transman"とすると、「シス男性（cis man）」と対等な意味での男性ではないと示唆しているように感じる人がいるのです。また、そうは感じず、"transman"と1語で表現するのを好む人もいます。一部の人は、自分がトランスであることは、自分のジェンダーのなかで「男らしさ」と同じくらい大きな位置を占めていると感じるからという理由で、1語の表現を用いています。
注69：一部の人は、トランス男性がかつて女性だったという意味を含んでいるからという理由でこの用語から離れつつあります。
注70：「デミ」という用語の詳細は106ページをご覧ください。
注71：「マルチジェンダー」という用語の詳細は104ページをご覧ください。
注72：「ジェンダーフルイド」という用語の詳細は117ページをご覧ください。

MTMまたは「男性から男性へ（male to male）」：出生時に性別やジェンダーが女性であると決められたが、自分が女性だったことを認めない人。

MTMの人は女性としての意識を1度も抱いたことがないため、女性から男性に移行したという認識がありません。そこで、移行するときに変わるのはジェンダーではなく表現だという考えから、この言葉を使うことがあります。

トランス女性（trans woman）[注73]：出生時に男性と決められたが、現在は女性である人。トランス女性は移行を選択することも、しないこともある。

MTF：「男性から女性へ（male to female）」の略語。トランス女性を指すのにときどき用いられる[注74]。

トランスフェミニン（transfeminine）：出生時に男性と決められたが、女性としての感覚が強く、自分が思う女性的なスタイルで自己表現をする人。

注73：これは"transwoman"と綴られることもありますが、"trans"はあくまでも形容詞だという思いから、この綴りを嫌う人もいます。トランス女性（trans woman）とは、「黒人女性（black woman）」や「クィア女性（queer woman）」のように、ある人が重なり合う複数のアイデンティティを持っていることを説明するための手段です。そこで"trans"を"woman"とつなげて"transwoman"とすると、「トランス女性」が「シスの女性（cis woman）」と対等な意味での女性ではないと示唆しているように感じる人がいるのです。その一方で、"transwoman"と1語で綴るのを好む人もいます。エリ・アーリック（本書の優秀な編集者の1人）をはじめとする一部の人は、自分がトランスであることは、自分のジェンダーのなかで「女らしさ」と同じくらい大きな位置を占めていると感じるからという理由で、1語の表現を用いています。
注74：一部の人は、トランス女性がかつて男性だったという意味を含んでいるからという理由でこの用語から離れつつあります。

トランスフェミニンの人は女らしさに結びつきを感じながらも、必ずしも自分が女性だと認識していないことがあり、具体的にはつぎのような人が含まれます。

- トランス女性
- デミガール
- 自分は女らしいと思うノンバイナリーな人
- 自分のジェンダーがとりわけ女らしいと感じるノンバイナリーな人
- 女らしさを強く感じることが多いマルチジェンダーな人
- 主に女らしさを感じるジェンダーフルイドな人

FTFまたは「女性から女性へ（female to female）」：出生時に性別やジェンダーが男性であると決められたが、自分が男性だったことを認めない人。

　FTFの人は男性のジェンダーとつながりを感じたことがまったくないため、男性から女性に移行したという認識を持つことがありません。FTFの人が移行する際には、変わるのはジェンダーではなく表現だという考えからこの言葉を使うことがあります。

　ここまでは、トランスのアイデンティティのなかでも二元論的ジェンダーを持つことを含む概念を中心に説明しました。しかし、トランスのアイデンティティは男性と女性にはっきり分けられるものばかりではありません[注75]。

注75：ほかにも、トランスでアジェンダー、トランスでノンバイナリー、トランスでニュートロワ、トランスでマーベリック、トランスでバイジェンダー、トランスでトライジェンダーといったアイデンティティが考えられます。

トランスセクシュアル（transsexual）：主な定義は2つ。

- 出生時に決められた性別やジェンダーとはちがうジェンダーを持つ人。（トランスジェンダーに近い）
- 何らかの医療行為による移行を行ったか、それを望んでいる人[注76]。

　本人の了解なしに誰かを「トランスセクシュアル」と呼ぶのはやめましょう。この言葉を嫌っている人も多いからです。その理由は……

- 古臭い感じがする
- 医療的な意味合いが強い
- 不正確な理解のもと、軽蔑的な意味で使われてきた経緯がある

DFAB/AFAB/FAAB：「出生時に女性と指定された人（designated female at birth）」、「出生時に女性と決められた人（assigned female at birth）」、「出生時に女性と決められた人（female assigned at birth）」の略語。

DMAB/AMAB/MAAB：「出生時に男性と指定された人（designated male at birth）」、「出生時に男性と決められた人（assigned male at birth）」、「出生時に男性と決められた男性（male assigned at birth）」の略語。

　これらの用語を使っているのは、シスでない人たちのなかでも、出生時に決められたジェンダーや生物学的性を強調したい人たちです。

注76：医療行為による移行を行うからといって、トランスセクシュアルだと自覚することが求められるわけではありません。また、医療的な移行を行うと、行わないトランスの人よりも「トランスの度合いが増す」とか、トランスとしてより妥当になるということはないので、誤解しないように注意が必要です。トランスに序列はなく、トランスであるための「最良の方法」もありません。

彼らは、出生時に決められたジェンダーや生物学的性は、自分の本当のジェンダーではないと考えています。「生まれつきのジェンダー」というような表現は不正確で無神経だし、ジェンダーの決定に医師の判断が関わっている事実を無視しています。たとえば、トランス女性は生まれながらの女性ではない、という差別的な含みを持つことになるのです。これらの用語は、その対抗策としてつくられました。

さらに、意味が近い用語としてつぎのようなものがあります。

CAFABまたはCAMAB：「出生時に強制的に女性と決められた人（coercively assigned female at birth）」、「出生時に強制的に男性と決められた人（coercively assigned male at birth）」の略語。

さっきの用語とのちがいは言うまでもなく、「強制的に（coercively）」という言葉が加わっているところ。これは生物学的性やジェンダーの決定が、きちんとした承認もなく、強制的に行われていることを指しています。

この用語はかつて大きな論争を巻き起こしました。「強制的に」という言葉が当てはまるのはインターセックスだけだという声が上がったのです。本人の同意もなく手術を受けさせられたのがインターセックスの人たちだからです。トランスやノンバイナリーも出生時に不当にジェンダーを決められたとはいえ、生殖器に手を加えられたわけではありません。そう考えると、「強制的に」という言葉は、トランスやノンバイナリーではなく、インターセックスのみに認められるというのです。

一方で、それを不公平だとする反対意見も持ち上がりました。この用語を考え出したのはトランスだし、同意のない手術は受けていなくても、トランスだって生物学的性やジェンダーが強制的に決められたことに変わりはない、と。

やがて、インターセックス、トランス、ノンバイナリーのほか、シ

スではない誰もがこれらの用語を共有し、本人が望むのなら自分を表現する用語として使ってよいという考え方が広まりました。

そうは言っても、インターセックスと、トランスやノンバイナリーでは、経験する抑圧の程度にかなり差があることは確かです。そこで、インターセックスの当事者は本人が望むなら、特有の経験を表す独自の名称を持つべきだという声が上がりました。そこでつくられたのが、つぎの用語です。

IAFAB/IAMAB もしくは FAFAB/FAMAB：「出生時に女性または男性と決められたインターセックス（intersex assigned female/male at birth）」もしくは「出生時に強制的に決められた女性または男性（forcibly assigned female/male at birth）」の略語。

もちろん、インターセックスであってもこれらを名乗る義務はありません。本人が望むならそうできるということです（これはどんな人にも、どんなラベルにも当てはまります！）。ただし、この特別な用語はインターセックスだけに認められたもの。それ以外の人が使うと流用になります。

バイジェンダー（bigender）：２つのジェンダーを有しているか、経験する人。

バイジェンダーについて注意すべき点はつぎのとおりです。

- ◆２つのジェンダーは、二元論的なジェンダーのこともあれば、ノンバイナリーなジェンダーのこともある。
- ◆２つのジェンダーを同時に経験するか、そのあいだを往き来する人もいる。

- それぞれのジェンダーを同程度に、または同じように経験するとはかぎらない。

例 バイジェンダーであるということは、同時に女性と男性であったり、ノンバイナリーと女性であったり、アジェンダーとニュートロワであったりする。

バイジェンダーが実際にどんなものか、アクセルに語ってもらいましょう(注77)。

自分にとっていちばんの選択はなんだろう？

こんにちは、私の名前はアクセル。バイジェンダーです。つまり、日によって男だったり、女だったり、ときにはその両方だったりします。85パーセントが男、10パーセントが女、残りの5パーセントが両方といったところ。だいたい男の格好をしているけど、それはより心地よく感じられるから。

自分のジェンダーへの理解を深め、快適に過ごすため、トランスジェンダーのセラピストのところに通っています。自分がどうやっ

注77：アクセルについてはこちらをご覧ください。http://bit.ly/2cHr1Hk https://www.youtube.com/c/smileonbeauties

て前に進むべきか考える手助けをしてもらっているんです。ホルモン療法を始めるか、上半身の手術を受けるか、またはその両方を行うか話し合ってきました。また、自分が抱えているたくさんの恐れを理解できるように、助言してもらっています。

　おかげで、今では現実を受け入れられるようになりました。そう、自分は女の子として生まれたけど、大部分は男なんだと。

　自分にとっていちばんの選択は、これから数カ月以内にホルモン療法を始め、最終的には上半身の手術を受けることだと決心しました。自分がほとんど毎日、頭のなかで思い描いている男としての自分を、まわりにも見せられるようになると思うと嬉しいです。もちろん、女性的な部分も残ってるけど、長い目で見たら、それが自分にとっていちばんの幸せだと気がつきました。幸せと愛に包まれ、自分に満足できること。それが私の願いだし、トランスジェンダーのコミュニティのすべての人たちがそうなることを願っています。

トライジェンダー（trigender）：3つのジェンダーを有しているか、経験している人。

◆ 3つのジェンダーは、二元論的なジェンダーのこともあれば、ノンバイナリーなジェンダーのこともある。

◆ 3つのジェンダーすべてを同時に経験することもあれば、それらのあいだを往き来する人もいる。

◆ それぞれのジェンダーを同じ程度に、または同じように経験するとはかぎらない。

マルチジェンダーまたはポリジェンダー（multigender/polygender）：複数のジェンダーを有しているか、経験している人。

　マルチジェンダーは自分が有するジェンダーの数がわからないか、数が変化する人を表す言葉です。

104

> **パンジェンダーまたはオムニジェンダー**（pan/omnigender）：
> 多くの、ときにはあらゆるジェンダーを経験する人。

　パンジェンダーやオムニジェンダーの多くは、ジェンダーに関する最新の知識に限界を感じています。というのも、まだ知られていないジェンダーが存在し、おそらくジェンダーは無数に存在すると考えているから。彼らの感覚は、同時に生じることもあれば、1度に1つずつのこともあります。

　これらの用語について注意すべき点はつぎのとおりです。

- すべてのジェンダーを経験するなんて無理だという理由から、これらのラベルには潜在的に問題があると考える人がいる。
- いくつかのジェンダーは特定の文化や社会と結びついている。そのため、ある文化や社会の一員ではない人が、それと結びついたアイデンティティを名乗るのは流用に当たると考えられる。

　このような問題が指摘されたことを受け、つぎのような新しいラベルが生まれました。

> **マキシジェンダー**（maxigender）：複数の、あるいは自分が該当するすべてのジェンダーを経験する人。

　この用語は、一部のジェンダーが特定の文化や社会と結びついていることを積極的に認めているので、その点で前述のラベルとはちがいます。マキシジェンダーはその人が該当するジェンダー（つまり、名乗っても流用にならないジェンダー）だけを含んでいます。

例 インド人やアメリカ先住民ではない人が、ヒジュラーやトゥースピリット（注78）を名乗ったら流用になる。なぜなら、これらのアイデンティティは、明らかにインド人やアメリカ先住民の文化と結びついているから。マキシジェンダーはこの点をふまえ、特定の文化の一員でない人がその文化ならではのジェンダーを名乗ることを認めない。

デミ〜（demi-）： あるジェンダーに部分的に結びつきを感じている人（使用例：デミガイ、デミボーイ、デミガール、デミノンバイナリー、デミフルイド、デミアジェンダー）。

これは私に当てはまる用語なので、経験を語りたいと思います。

女性なのに、女性じゃない？

なんていうか……自分は女の子のような気がするけど……そうじゃない気もする。私がそんな感覚に襲われたのは、あるパーティーでのこと。

それは女子学生と男子学生が集まる大学のパーティーで、ドレスコードはレトロな賭博場のイメージ。パーティーが始まる前に、みんなで一緒に支度をしようと、私が住んでいた寮の地下室にたくさんの女の子が集まりました。地下室は化粧品やヘアアイロンであふれかえり、2時間もすると誰もがセクシーなモダンガールや魅惑的なショーガールに変身していました。だから私がベストにズボン、ネクタイという格好で現れると、その場が少しざわつきました。
「ネクタイ？」

注78：私はどちらのアイデンティティを受け継いでいるわけでもなく、当事者と連絡を取ることもできなかったので、本書ではこれらのアイデンティティについては定義しません。もっと詳しく知りたい方は、ぜひ自分で調べてみましょう！

「そんなのあり得ない！」
すると、ある友だちがこう言いました。
「いいんだってば、アシュリーだもの。本当の女の子とはちがうんだから」

　私は、混乱した激しい感情が沸き起こるのを止められませんでした。友だちがそう言ったのは、その場を和ませて、私が好きな格好をする権利を守ろうとしてくれたからです。そうわかっているのに言葉を聞いた瞬間に私のなかにある自己防衛のスイッチがオンになりました。そして頭のなかを、こんな台詞が駆けめぐったんです。

「私はれっきとした女よ！　世の中が思うのとはちがうかもしれないけど、女性として成長してきたことが今の私をつくってる。そのおかげで私は強いし、思慮深いし、思いやりだってある。その肩書きをはぎ取られてしまったら、本当の自分だとは思えない。私は女なの！」

　私が頭のなかでさらに反論を続ける前に、別の友だちがすぐに割って入りました。
「ちょっと、ケイト。アシュリーも女の子だってば。黙りなさいよ」
　すると驚いたことに、心底こう思ったんです。
「ちがう、そうじゃない」

　私は自分のアイデンティティについて、これほど混乱して、矛盾に満ちた自己弁護をしたことはありませんでした。一方ではたしかに女性だと感じているのに、もう一方では絶対にそうじゃないと感じる。いったい、どうしてそんなことになるんだろう？

　それから数日間、私はこの疑問について考えていました。私は女性だけど、アイデンティティのなかにかなりアジェンダーでフルイドな要素も持ちあわせている。どうやら、私にラベルを貼るには、そのすべての面が認められることが大切らしい。「女性」という言葉がしっくりしないのは、そういうこと。だからこそ、デミガールという言葉につながりを感じる。私はそう答えを出したのです。

アポラジェンダー（aporagender）：男性、女性、その中間の性のいずれにも属さないが、非常に強い、固有のジェンダー感覚を持つノンバイナリーなジェンダーの総称。

マーベリック（maverique）：男性、女性という二元論的ジェンダーとは完全にちがう、自律したジェンダーを有している人。ジェンダーが色だとしたら、マーベリックというジェンダーは黄色。ほかの色から完全に独立した原色。

アポラジェンダーとマーベリックは同じ時期にちがう人たちが使い始めた言葉で、似ているところがありますが、まったくちがうアイデンティティです。どちらにも独自のコミュニティがありますが、最大のちがいは、一方はさまざまなジェンダーを指す総称として使うことができ（アポラジェンダー）、もう一方は独自のジェンダーだけを意味する（マーベリック）ところです。

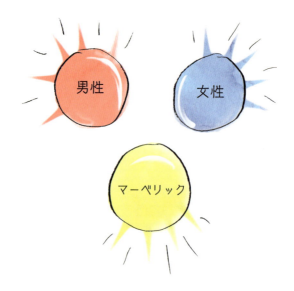

そうは言っても、自分のジェンダーを表現するのにどちらを選ぶかは、好みで分かれることもあります。なかには、自分がバイであると同時にパンである(注79)と思う人がいるように、アポラジェンダーとマーベリックの両方だと思う人さえいます。

　本書のすばらしい編集者の１人であるヴェスパーは、マーベリックという言葉の生みの親です。ヴェスパーにとってマーベリックが何を意味するのか、こう説明してくれました(注80)。

言葉がないなら、つくればいいんだ！

　自分は男でも女でもなく、かといって二元論的なジェンダーの中間に位置するわけでもなく、さらにはジェンダーレスでもない。そう悟ったとき、そんなノンバイナリーな自分のジェンダーを「ニュートロワ」と呼びました。自分のジェンダーを概念化するのはものすごく難しかった。ノンバイナリーなジェンダーも含め、あらゆるジェンダーが二元論的な２つのジェンダーから派生しているように

注79：バイとパンの詳細は153ページをご覧ください。
注80：ヴェスパーについてはこちらをご覧ください。http://bit.ly/1Pm4o4S http://querascat.tumblr.com/

109 ｜ 第２章 ジェンダー

思えるから（両者の組み合わせか、両者のあいだで揺れ動くか、あるいは部分的に
つながっているか）。自分のジェンダーが二元論的なジェンダーとは無
関係なことは確かだったし、ジェンダーレスじゃないこともはっき
りしていました。

　こんなふうに、自分のジェンダーを強く感じながら、ほかのノン
バイナリーなジェンダーに対してさえも何のつながりも感じられな
いから、彼らと一緒にいても孤立し、ひとりぼっちでした。
　自分が感じているジェンダーを他人にひとことで伝える言葉がな
かったので、しかたなくニュートロワで落ち着くことに。自分が感
じるジェンダーを伝えるには、「男女のどちらでもない」か「ジェ
ンダー・ニュートラル」がベストだと思ったからです。
　でも、ニュートロワを名乗りながら過ごした2年のあいだ、それ
がしっくりきたことは1度もなかった。というのも、自分の実際の
ジェンダーは少しも曖昧じゃないのに「どちらでもない」というの
はひどく曖昧。「ジェンダー・ニュートラル」にしても、どうして
も二元論的なジェンダーとのつながりや、それを感じさせる意味を
含んでいて、まったくきずなを感じられなかった。私は混乱してい
ました。
　やがて、ただ苛立って絶望するだけでなく、自分の力で問題に対
処しようと思い、それまでずっと感じてきたジェンダーを表現する
言葉をつくることにしました。そうやってできたのが「マーベリッ
ク（maverique）」です。英語の一匹狼（maverick）とフランス語の接尾辞
–iqueを組み合わせた言葉です。
　この言葉をつくったことで、私は自分がどんな人間なのかを他人
に伝えられるようになりました。そしてさらに、ほかの人たちにも
同じ力を与え、その結果、多くのマーベリックたちと出会い、交流
できるようになったんです。それは、言い尽くせないくらいすばら
しいことだったし、今でも変わらずそう感じています。
　言葉の力やアイデンティティを獲得する意義はあまりにも軽んじ
られていますが、マーベリックの私はその大切さを肌で学びました。
私はノンバイナリーとして、そしてとくにマーベリックとして、い
つまでも堂々と生き、ありのままの自分を誇りに思うつもりです。

> **ノンバイナリー**（non-binary）：1つのアイデンティティであり、同時にジェンダー二元論にとらわれないジェンダー・アイデンティティの総称でもある。
>
> **nb**：ノンバイナリー（non-binary）の略語、通称、短縮形。
>
> **enby**：「ノンバイナリーな人」を意味する俗語。nbの発音に由来。
> 例 「エンビーズ（Enbies）は驚くべき人々だ!」

ノンバイナリーの人は、男性でも女性でもない状態や複数のジェンダーを同時に有している状態、複数のジェンダーを往き来する状態、またはそのどれともまったくちがう何かであることが考えられます。ノンバイナリーであることを認識するのは独特の経験です。その点をKBに詳しく語ってもらいましょう[注81]。

自分が自分を、あとほんの少し 理解するための言葉

子どものころは、ノンバイナリーなアイデンティティを表す言葉はまだなくて、男の子か女の子かのどちらかだけでした。その中間はただの個性でしかなかった。たとえば、おてんばな女の子は男の子みたいだとか、男の子なのに女の子みたいだとか。私は生まれてからほとんどずっと、生まれたときに決められた性別が自分の性別だと思っていました。

私にとってノンバイナリーは、自分から発見しなければいけない

注81：KBについてはこちらをご覧ください。http://bit.ly/2bWq8pt https://www.youtube.com/user/DumandsONE

111　｜　第2章　ジェンダー

もの。お皿に置かれて差し出されたものでもなければ、問い詰められて無理に考え出した答えでもなかった。ノンバイナリーとは、自分はどんな人間かを理解する延長線上にあるものです。それが私の人付き合いやものの感じ方なんかを決めることはありません。ただの１つの感覚ってだけ。ちょうど初めて眼鏡をかけたとき、星のまたたきや月の影に気づくようなものです。ずっと昔からそこにあったのに、初めて気づいたという感じかな。

　ノンバイナリーはジェンダーを表現するというより、説明するものだと思っています。私は自分自身について納得できる何かをずっと探していました。何か１つの存在だったことはなく、今では複数の状態を認めるアイデンティティやバイジェンダー、アジェンダーなどに自分を重ね合わせることができます。そしてやっと、周囲に理解してもらうのに役立つ言葉を手に入れました。私が、男か女というたった２つの該当欄のうち、生殖器と一致するどちらかにチェックを入れるだけの存在じゃないことをわかってもらう言葉です。私は自分がノンバイナリーだと認識していても、それについてすべてを理解しているわけじゃありませんが、それでかまいません。

　私はふだんの生活では、今でも生まれたときに決められた代名詞やジェンダーを使っています。唯一変わったのは、今では本当の自分を表す言葉を手に入れたということ。私にとって、ノンバイナリーという言葉は自分が自分をあとほんの少し理解するのに役立つ言葉にほかなりません。

ジェンダークィア（genderqueer）：ジェンダーが二元論的なジェンダーの概念の外側か、それを超越したところに存在する人。ジェンダークィアは1つのアイデンティティであると同時に、数多くの規範にとらわれないジェンダー・アイデンティティや人々、表現などを表す総称でもある。

ジェンダー・ノンコンフォーミング、ジェンダー・ダイバース、ジェンダー・ヴァリアント、またはジェンダー・エクスパンシブ[注82]（gender nonconforming / gender diverse / gender variant / gender expansive）：これもまた社会の二元論的な規範とはちがうかたちで自分自身を認識したり、表現したりする人を指す総称。

ジェンダー・ノンコンフォーミングから続く一連の用語が「ジェンダークィア」と大きくちがうのは、アイデンティティとしても用いられるものの、人や特定のグループ、服装、表現、行動パターンなどを描写することが多いという点です。

また、これらの用語はシスとそれ以外の人々のどちらにも用いることができます。

例 ノンバイナリーな人は、そのジェンダーが規範に当てはまらないという点でジェンダー・ノンコンフォーミングだと言える。また、自分のスタイルを「男っぽい」と表現するシスの女性も、そのスタイルが規範に当てはまらないため、ジェンダー・ノンコンフォーミングと考えられる。

ジェンダー・ノンコンフォーミングが当事者にとってどんなものか、キャディの話を紹介しましょう[注83]。

注82：ただし、ジェンダー・ヴァリアントはシスジェンダーを変形のもととなる規範としているため、支持を失いつつあります。
注83：キャディについてはこちらをご覧ください。https://www.youtube.com/user/ChasingCady

そもそも、自分にジェンダーがあるという感覚がない

　私にとってジェンダー・ノンコンフォーミングは、二元論的なジェンダーのどちらにも縛られないことを意味します。これは表現や行動、アイデンティティのすべてについて当てはまります。ノンバイナリーの私は、そもそも自分にジェンダーがあるという感覚がないから、自分はジェンダー・ノンコンフォーミングだと思ってます。私がどう行動しようと、どんな態度をとろうと、どんな服装をしようと、それをしているのが私である以上、すべてジェンダー・ノンコンフォーミングなんです。

　ジェンダーとジェンダー表現は本質的には別物だけど、私は中性的な服装でいるのがいちばん心地よく感じます。そうすると、初対面の相手が私の外見のせいで混乱して、私を男性と女性のどちらの箱に入れていいのかわからなくなることもあります。それでも、自分を表現したうえでコミュニティの一員なんだという感覚を持てることは、とても励みになるし、大切です。

　自分が心地よいだけじゃなく、他人からも受け入れられることで、私はトイレなど、勝手に決められたジェンダーの分類に目くじらを

立てずにいられます。そして、そのかわりに胸のふくらみを目立たなくして、色とりどりのマニキュアを塗り、素敵な柄の靴下をはいて、自分に似合う装いをすることができるんです。

ジェンダー・コンフュージョンまたはジェンダー・ファック
（gender confusion/gender fuck）：自分自身のジェンダーについてわざと混乱を引き起こそうとする人や、混乱を引き起こしたときに喜びを感じる人。

どうして自分のジェンダーについてわざわざ他人を混乱させたいのかと、不思議に思われるかもしれません。それにはいくつかの理由があります。

- ジェンダーの規範や役割について考えを主張したい。
- ジェンダーをめぐる議論を呼び起こしたい。
- 曖昧な空間やアンドロジナスな空間に存在するのが心地いい。

ジェンダー・コンフュージョンを自覚する人の生の声として、カイの経験に耳を傾けてみましょう[注84]。

人々の偏狭な心を、治したいのかもしれない

小学校の思い出のなかでもはっきりと覚えているのは、あるクラスメートが私と私のジェンダーのせいですっかり混乱していると知ったときのこと。記憶が正しければ、彼女は私にこう聞きました。「もしかして、あなたは男の子なのに、この学校に通うために女の子の格好をしているの？」（私は女子校に通っていました）。10歳だった私

注84：カイについてはこちらをご覧ください。http://bit.ly/2ce1wco https://www.youtube.com/c/miaisnotmyname

115 ｜ 第2章 ジェンダー

は、そんなふうに疑問を持たれたことが信じられないほど嬉しくて、今でも思い出すと笑顔になってしまうくらいです。

　彼女がそう尋ねた理由はたくさんあったと思います——私はおしゃべりに夢中になることも、みんなで仲良くマニキュアを塗ることもなくて、木登りをしたり、「男の子」のスポーツや趣味の話をしたりしていたから。その日はたまたまカジュアルな服で登校する日で、私は男女がまざったようなお気に入りの格好をしていたから、きっといつにも増して男の子っぽく見えてそう聞いてきたのでしょう。

　私のジェンダーに対して誰かが戸惑いを表現したのはそれが初めてで、それ以来ずっと同じ反応を求めています。私が暮らしている南アフリカでは、ノンバイナリーなジェンダーは今でもキャンプファイヤーのときに話す物語とか怪談みたいなもの。だからジェンダー・ノンコンフォーミングにとってはちょっと生きづらいけど、それでも私は誰かから「サー……いえ……マダム？　失礼しました」と言われる瞬間を楽しんでいます。

　私はジェンダー二元論に挑むのが好きなのかもしれないし、あるいは自分と同じ南アフリカ人の偏狭な心を治したいのかもしれないけど、ジェンダー・コンフュージョンを自認するのはこれまでずっと喜びだったから、やめることは当分ないんじゃないかと思います。

> ジェンダーフルイド（genderfluid）：変化するジェンダーを持っていること。

　ジェンダーフルイドな人は、アイデンティティが複数のジェンダーのあいだで揺れ動くことや、複数のアイデンティティを同時に経験することがあります。また、アイデンティティは不規則に変化することもあれば、状況に従って変化することもあります。
　最近、ジェンダーフルイドだとカミングアウトした私の友だちのローランドに、どんなふうに自分のアイデンティティに気がついたのか、話してもらいました[注85]。

型にはまった姿になる必要なんてない！

　ジェンダーフルイドであることは、これまでの人生でもっとも混沌としていて、それでいて最大の解放感をもたらしてくれた経験の1つ。これは、自分のジェンダー表現とアイデンティティを区別するのが難しかったことも影響しています。どんな服装をしても、何をしても「男らしく見える」せいで、お前は自分をただ女っぽくみせたがるゲイだ、といやというほど言われてきた。自己表現はお前

注85：ローランドについてはこちらをご覧ください。http://bit.ly/2cJKKHz　https://www.youtube.com/c/rolandwest

のジェンダーとは無関係だと決めつけられていたんです。

それから、自分が育ったのは、女装や男装をしようものなら、通りでおおっぴらに罵声を浴びせられるような土地だった。そのせいで、ジェンダーにまつわるすべての感情を押し殺すようになりました。

ところが、去年の夏にYouTubeの仲間たちとロンドンに引っ越すと、誰の目も気にせず女の子の服を着てメイクを試せるように。それはもう、目の前がぱっと明るくなるような感じでした！ それまで服装や行動について何がよくて何がだめかを指図されるのに慣れすぎていたから、本当の幸せがどんなものか忘れていたんです。

それでも自分の本当のアイデンティティについては理解できずにいました。自分の感情は日々変化しているように思えたけど、自分のなかにある感覚に対して、はっきりとした答えを出してくれる人はいなかった。

そこでインターネットでいろいろなジェンダーを調べてみて、ようやく「ジェンダーフルイド」に出合いました。ドカン！ 頭のなかで花火が上がったみたいだった。やった！ これが自分だ。自分が感じているのはこれ。長年のひどい混乱のあとでついに自分を理解できたわけだから、まさに天にも昇る気持ち！

そして今はどうかというと、生まれ育った土地を離れたことが自分にとってベストな選択だったとつくづく感じてます！ 故郷にいたときはどんなに不幸で、それが自分をどれほど内にこもらせてい

たのか、まったく気づいていなかった。自分のジェンダーを理解し、何をするにもそれに縛られずにいるのは、これまでにない最高に自由な感覚です。みなさんには、ノンバイナリーなジェンダーを名乗るからといって、型にはまった姿になる必要はないことを知ってもらいたいと思っています。

ジェンダーフラックス（genderflux）：ジェンダーに関する経験が激しく変化する（揺れ動く）人。
例 ジェンダーフラックスな人はときに強く、はっきりと男性だと意識するが、あるときはほんのかすかに、または少しだけ男性的だと感じることもある。

このアイデンティティを十分に理解するのはなかなか難しいので、私の友だちのイザベルに、ジェンダーフラックスがどんなものか、説明してもらいましょう[注86]。

増減し、変化する自分の感覚

私が自分のジェンダーに初めて疑問を抱いたのは、ルビー・ローズのような有名人たちが、ジェンダーフルイドを名乗っているのを知ったとき。最初は、これだ、と思いました。私はそれまでの人生で自分のジェンダーについて深く考えたことは1度もなかった。出生時に女性と決められた私は、子どものときはおてんばだったけど、やがて「大人になった」くらいに思ってた。だけど、女性らしい気持ちを感じたことがほんの数回しかないことに気づき（後になってから、たいていの女の子はしょっちゅう感じるものだと知りました）、それ以外のときの自分は何を感じているんだろうと疑問がわきました。

注86：イザベルについてはこちらをご覧ください。http://bit.ly/2bXICuN https://ohgolly-isabel.tumblr.com/

119 | 第2章 ジェンダー

それからすぐに、自分はジェンダーフルイドじゃないと思い直しました。ジェンダーフルイドは複数のジェンダーのあいだを往き来するのがふつうだと知ったからです。ちょうど1枚のコインに裏と表があるように（この例えが誰にでもあてはまるとは思っていませんが）。
　けれど私の場合、そういう複数の特徴や感情が自分のなかにすべて同時に存在するような気がして、あるときはその存在感がすごく大きくなり、またあるときはほとんど感じられないくらいになり、いつも少しずつ変化していたんです。

　やがて私は、自分のジェンダーを棒グラフにして考えるようになりました。私の場合、含まれる項目はデミガール、ジェンダークィア、トランスマスキュリン、ノンバイナリー。それから、それ以外

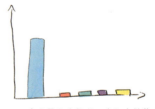

＝女の子のような、少し女性的な感じ

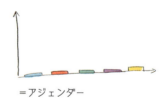

＝アジェンダー

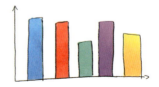

＝ノンバイナリーまたはジェンダークィア

120

に自分が感じる可能性のあるものすべてを合わせた「その他」。ある日デミガールの棒が伸びてほかが低くなるとしたら、どこか女の子のような、少し女性的な感じがするということ。いくつかの棒が伸びていると感じるときは、そのときの組み合わされた感情によって、ノンバイナリー、ジェンダークィア、あるいはアンドロジーン[注87]だと感じます。ぜんぶの棒が低いときは何も感じないので、アジェンダーということになりますね。

私はポリジェンダーフラックス（いくつかのちがうジェンダーが揺れ動くのを経験するという意味）ですが、ほかの人たちにとってのジェンダーフラックスは、男の子のように感じる日もあれば、その感覚があまりない日もある、ということかもしれません。

基本的に、私にとってのジェンダーフラックスとは、特定のジェンダーとのつながりや、関係性の増減や変化を説明するもの。複数のジェンダーが揺れ動くときは、その感覚が結びついて影響し合い、私の経験するジェンダーの可能性や状態がさらに広がることがあるんです。

アンドロジナス（androgynous）：男らしさと女らしさの特徴を併せ持つことや、そのどちらでもない特徴を持つこと、およびそのあいだの特徴を持つこと。

アンドロジナスという用語は、おもしろい進化をしてきました。もともとは単に、男らしさと女らしさの「両方」の特徴があるという意味でした。それがのちに若者によって、「男らしくも女らしくもない」という意味や、「男らしさと女らしさのあいだ」という意味を表す言葉として借用されるようになったのです。

なかには、こうした変化によってこの用語本来の定義が消し去られたと不満に思っている人もいます。

注87：アンドロジーンの詳細は124ページをご覧ください。

121 ｜ 第2章 ジェンダー

このような定義の変化にどう対処すべきか、答を見つけるのは難しいところです。理想としては、この用語のもともとの定義をしっかりと踏まえながら、意味の変化や、この言葉を利用する新しいタイプの人々を受け入れるのがいいでしょう。それがアイデンティティを消し去ることも、取り締まることもせずにすむいちばんいい方法じゃないかと私は考えています。

　アンドロジニーという概念は、ジェンダー、ファッション、興味、性的アイデンティティ、行動、身体的特徴、名前など、さまざまなものに当てはめることができます。また、シスにもそれ以外の人たちにも使えます。

　ここで、とても愉快なユーチューバーのカイに、彼にとってアンドロジニーが何を意味するのか語ってもらいましょう。きっと、みなさんは彼の立体メイクの腕前に嫉妬せずにいられなくなるはずです(注88)。

もっと流動的なスタイルで装っていい！

　こんにちは、カイです！　僕はどこにでもいるふつうの19歳の男です。みなさんは「どこがふつうなんだ」って思うかもしれませんね。たとえば、高校ではいろんなスポーツを楽しんでました。高校

注88：カイについてはこちらをご覧ください。http://bit.ly/2cb5eEc　　https://www.youtube.com/user/ksmilesxd

のレスリングチームでは、もうちょっとで州大会に出られたくらい
です！ それからビデオゲームもよくしたし、ボーイスカウトでキ
ャンプに行くのも好きだったし、ティーンエージャーだから、お化
粧をしてカツラをかぶり、面白いビデオを撮るのも大好きでした！

　ああ、ちょっと待って。みなさんの考えていることはわかってま
す――男はふつう、カツラなんてかぶらないし、「立体メイク」な
んて言葉は知らない……たしかに僕はかなり変わってたかな。誰に
も理解してもらえなくて、強い疎外感があった。僕は男にしては女
の子っぽいところがありすぎたし、女の子にしては男らしすぎたん
です。

　そのうち少しずつ、自分を受け入れられるようになりました。す
ごく気分のいい日にはお化粧をしたけど、ちっともしたくない日も
あった。その日の気分に任せて好きなやり方で自分を表現したとき、
初めて気持ちよく過ごすことができました。

　あるとき友だちが、男性が男性のためのメイク術を教えるビデオ
を見せてくれて、すごく引き込まれました！ そしていろいろと調
べていくうちに、「アンドロジニー」という言葉に出合ったんです。
自分にぴったりの言葉だった。おかげで、自分はもっと流動的なス
タイルで装っていいんだとわかりました。自分の男性的なところも、
女性的なところも、どっちも見せていいんだと気がつくきっかけに
もなったんです！

　今では昔のように孤独を感じたり、理解してもらえないと悩んだ
りしません。ネット上には自分のアイデンティティを理解してくれ
るすばらしい人たちが大勢いるから。なかには僕と同じようにアン
ドロジニーだと名乗っている人までいるんです！

　だから僕はまちがってた。ちっとも孤独じゃなかった。自分を知
るまでにちょっと時間がかかったけど、わかってからは自分のアイ
デンティティを共有できる人たちが見つかったんです！

アンドロジナスと近いものの、微妙なちがいがある用語がアンドロ
ジーンです。最大のちがいは、一般的に「アンドロジナス」が物事
（ジェンダーや表現、スタイル、行動など）を描写するときに使われるのに対し

123　｜　第2章　ジェンダー

て、「アンドロジーン」は1つのアイデンティティであり、ジェンダーでもあるということ。つぎは、アンドロジーンの定義を見てみましょう。

アンドロジーン（androgyne）：アンドロジニーに関係するノンバイナリーなジェンダー。アンドロジーンを自覚する人は、自分が男性と女性の両方か、そのどちらでもないか、男性と女性のあいだに位置すると認識する。

アンドロジーンという言葉に自分を重ね合わせるジョイが、その感覚を説明する、ちょっと変わった愛らしい物語をつくったので紹介します[注89]。

お姫さまでも、王子でもない

「はぁ、アンドロジーン？　何それ？　発音これであってる？『アンドロジナス』のおしゃれな外国語って感じだけど、どこがちがうの？　ぜんぜんわかんない。助けて！」

これは私がアイデンティティを模索するなかで、初めてこの言葉に出合ったときの心の叫びです。あなたも同じようなことを思ったとしたら、ちょっとした比喩的な物語を紹介するので聞いてください。私がなぜ、どんなふうにこの言葉に自分を重ね合わせるようになったか、わかってもらえるはずです。

昔々、あるところに1人のお姫さまがいました。彼女は生まれてからというもの、王さまとお妃さまから言われてきました。「姫たるものは貴婦人のように振る舞い、美しいドレスをまとい、申し分のない作法と優美さを身につけ、いざというときにハンサムな王子

注89：ジョイについてはこちらをご覧ください。http://bit.ly/2cxCzJY　https://twitter.com/TheJoyKurdi

が現れて助けてもらうため、いつも待っていなければならない。王子は紳士らしく振る舞い、最高のスーツを身につけ、剣術や航海の腕を磨き、いつでも姫を救えるようにしておかなければならない」。これが「いつまでも幸せに暮らしました」の理想の筋書。少なくとも、姫は両親からいつもそう言い聞かされていました。でもそれがまちがっていたら？「いつまでも幸せに暮らしました」という結末も、ちがったものになるんでしょうか？

　ある日、この姫が窮地に陥りました。なんと、いくつもの頭を持つ凶暴な火を噴くドラゴンのすみかに迷い込んでしまったのです。それでも、彼女は王子が助けに来てくれるのを待つ気はありませんでした。それどころじゃなかったし、王子なんていらなかったからです。けれど剣も盾も、鎧もなく、どうすればいいのかわかりません。ドラゴンはすごい勢いで迫って来ます。そして両親にいつも言われてきた言葉のすべてが恐ろしい炎となってドラゴンの口から噴き出されました。彼女はどうすることもできずに地面に倒れ込み、目を閉じて一心に願いました。何か戦うための道具さえあったら、と。

　すると間一髪のところで、この必死の願いを聞きつけた救いの妖精が、光り輝く鎧一式を携えて現れました。姫はそれを身につけると、偏った判断を押しつける醜いドラゴンを叩きのめしたのです！

　その瞬間、そしてそれからずっと、彼女はお姫さまでも王子でもなくなりました。きらめく鎧をまとった騎士になったのです。誰ともつかない、強くて、比類のない、満ち足りた存在に。

　彼女は気高く振る舞い、完全無欠の鎧を身につけ、武器を力強く使いこなしました。自ら頭と体を鍛え、救ってもらうのを待つことは絶対にありませんでした。彼女はドラゴンを退治し、その同じ日に女王の午後のお茶会に参加することもできます。お姫さまと結婚することだってできます。

　彼女はありのままの自分として、いつまでも幸せに暮らしましたとさ。

アジェンダーまたはジェンダーレス（agender/genderless）（注90）：
言葉の意味は「ジェンダーがない」であり、ラベルとしては複数の解釈がある。
- 文字どおり自分には「ジェンダーがない」という意味。
- ジェンダー・ニュートラルに近い意味。
- ジェンダーという概念そのものを否定するか、自分にとってはその概念が無意味だとするラベル。

アジェンダーのチャンドラーは、自分にとってそれがどんなものか話してくれました[注91]。

「彼」でもなければ、「彼女」でもない

アジェンダーについてカミングアウトしたら、混乱の嵐を覚悟しないといけない。世間から向けられる視線の99パーセントが突き刺さるような感じ。大多数の人が二元論に縛られているから無理もないけど。男か女のどっちかに分類することに慣れすぎて、どっちでもない人に対しては身構えてしまうんです。

自分自身も二元論的な見方に影響され、自分がアジェンダーであってトランス男性じゃないと納得するまでかなり苦労しました。誰かから男だと思われたときは興奮したけど、すぐに気がつきました……男に見られたいわけじゃなくて、女じゃないって思われたことが嬉しいんだ、って。現に、男だっていう感覚はなかった。それでそのことに気づいたら、自分はアジェンダーなんだってようやく心から受け入れることができたんです。

注90：アジェンダーに近い言葉としてはつぎのようなものがあります。ジェンダーブランク（gender-blank）、ジェンダーフリー（genderfree）、ゼロジェンダー（null gender）、ノンジェンダード（non-gendered）、ノージェンダー（no gender）、ジェンダーボイド（gender void）。これらの言葉を区別せずに使う人もいますが、一部の人はそれぞれの言葉にわずかながらも重要な違いがあると見なしています。
注91：チャンドラーについてはこちらをご覧ください。http://bit.ly/2bXKB1S　https://www.youtube.com/c/ChandlerNWilson

かなり小さいころからトランスジェンダーだと気づく人もいるけど、自分はちがった。16歳になるまでアジェンダーだとは思いませんでした。気づいたきっかけは、「彼女」と呼ばれるのがものすごく不快なのに、「彼」もしっくりこないと自覚するようになったこと。それでしっくりくるのは何だろうと考えたら、「彼ら（they）」が心地よく感じられました。自分のジェンダー・ニュートラルなアイデンティティを反映していたから。本当の自分をあるがままに受け入れてからは、まわりを気にして築いていた壁を壊し、自分に正直でいることが楽になりました。

（アジェンダーの旗）

ジェンダー・ニュートラル（gender neutral）：ニュートラル（中立的）なジェンダーを持っていること。具体的な定義は2つ。

- 自分のジェンダーが二元論的なスペクトラムのあいだに位置していると感じる。
- 自分のジェンダーは二元論的ジェンダーのどちらとも関係がないと感じる。

ケイトリンはLGBTQIA+のテーマを盛りこんだすばらしいウェブ番組をつくる素敵な人で、1つ目の定義でジェンダー・ニュートラルを自認しています[注92]。

私はニュートラルな場所にいる

　子どものころの私はいつも男の子の服を着て、女の子のおもちゃで遊び、公園では誰とでも仲良く遊んでいました。つまり男女が混ざり合っていたのですが、そのせいで居心地は悪かった。男女のあいだにある、奇妙な中間地点にいるような感覚があったんです。「彼女」と呼ばれると奇妙な気がするし、男の子にまちがわれて「彼」と呼ばれてもやっぱり変。自分はどこかおかしいんじゃないかって悩んでいましたね。

　2年前、「カーミラ」というウェブドラマで、ジェンダークィアのラフォンテーヌという人物を演じ、それがきっかけで視点ががらりと変わりました。自分も何らかのグループのれっきとした一員にちがいないと思い、それを確かめるためにいろいろと調べるようになったのです。そこで「ジェンダー・ニュートラル」というアイデンティティに出合い、その瞬間にすべてがしっくりきました。それまで男女以外のジェンダーがあるなんて誰も教えてくれなかったから、自分の感覚を表す言葉があると知ってようやく安心できた。

　今ではノンバイナリーとジェンダー・ニュートラルという言葉で自分を表現するようになり、カミングアウトしてから1年になります。私は男女のあいだのニュートラルな場所にいるとき、とても心地よく感じられる——そのことをうまく表現する言葉がジェンダー・ニュートラルです。

注92：ケイトリンについてはこちらをご覧ください。http://bit.ly/2cdQoic　https://www.youtube.com/c/realisticallysaying

> **ニュートロワ**（neutrois）：自分のジェンダーが中立であるか、ジェンダーが存在しないと感じる人。

ニュートロワの人は、このうちどちらか1つの感覚を抱くこともあれば、2つを往き来することも、同時に両方の感覚を抱くこともあります。

これまで、このアイデンティティには、ジェンダーに違和感を覚え、移行したいと願う人が含められてきました。そうした人の多くは、外見的な印象をアイデンティティに合わせるため、男性や女性を連想させる特徴をすべてなくすことを望みます。その場合、自己表現の方法は徹底してジェンダー・ニュートラルか、もしくはアンドロジナスなものになるのが一般的。ニュートロワのなかには、医療行為を受けて移行する人もいます。

もちろん、ジェンダー違和がなくても、移行を望まなくても、ニュートロワを名乗ることはできます。実際、ニュートロワでも違和感がほとんどない人や、どんな種類の移行も望まない人はたくさんいます。

ジェニファーはニュートロワであることをこんなふうに語ってくれました^{（注93）}。

ジェンダー二元論から離れて生きる

ニュートロワであるというのは、ジェンダー二元論の枠組みから離れたところで生きることを意味します。私にとってニュートロワは、スペクトラムのちょうど中間に位置するジェンダー・アイデンティティだけど、それは女らしさや男らしさとは関係ありません。私は自分にジェンダーがある、つまりある独特の自己認識と確かな結びつきがあると感じます。一方で、ジェンダーレスには結びつきを感じません。私にとって密接な結びつきを感じるのは、ほかでも

注93：ジェニファーについてはこちらをご覧ください。http://bit.ly/2c3gCqQ　https://www.youtube.com/channel/UCPg2VyBM3No84wvFw_y3cgA

ない、もう1つのジェンダー（二元論的なジェンダーのように身体的特徴やジェンダー表現によって定義されることのないジェンダー）だったんです。

　私はニュートロワなので、代名詞は「彼ら（they）」を使ってもらえると光栄だし、ほかにも「人（person）」とか「きょうだい（sibling）」とか、ジェンダーを限定しない言葉を使ってもらえると嬉しいです。こういう表現はジェンダー・アイデンティティに対する自己認識を積極的に示すものだけど、私にとってジェンダーはとても個人的で立ち入ったことだから、親しい友だち以外には曖昧なままにしています。

　実際は、自分のアイデンティティについて説明しても、代名詞を正しく使ってくれる人はめったにいません。これは私のジェンダー違和の一因になっています。これは社会的違和と呼ばれるもので、二元論的ジェンダーの人たちと一括りに扱われると不愉快です。そんなふうにまちがったジェンダー分けをされると、「もうひとつのジェンダー」に対する自己意識がさらに高まるのです。

　さてここで、アジェンダーとジェンダーレス、ジェンダー・ニュートラル、ニュートロワの関係を整理しておきましょう。もしかすると、どれもすごく似ていると思う人がいるかもれません。または、ぜんぶ自分に当てはまると感じた人や、はっきりした区別は難しいと感じた人もいるかもしれません。

一方で、これらのアイデンティティはぜんぜんちがうと考える人もいます。意味が近い用語でも、そのアイデンティティを自認する人にとっては、わずかな差が重要ということもあり得ます。置かれた状況によっては微妙なちがいや、正確な識別名が大きな重みを持ちます。最適なラベルを使わないかぎり、それぞれのアイデンティティを理解し、詳しく表現できないことがあるからです。適切な言葉に出合い、使ってみて、初めて自分自身を理解し、自分のジェンダーや指向を説明できることもあるのです。

　また、アイデンティティには、文字から読み取れる意味をはるかに超えた奥行きがあることも忘れてはいけません。それぞれのアイデンティティには、歴史的背景や特定のコミュニティとの結びつきがあることもよくあります。それはまた、アイデンティティ同士が重なり合いながらも微妙な差を生み、ある人が1つのアイデンティティを自認する（または自認しない）ことを決める理由にもなるのです。

　これまでに述べてきた状況や感覚は、どれも何ひとつとしてまちがっていません。ラベルには偉大な力がありますが、どの用語を選択し、それをどう解釈するかは完全に個人の自由です。いくつかの用語や定義、それらの差異にはどうしても曖昧さが残るでしょう。けれども、それは自由を認め、自己認識[注94]を助けるものであって、決して悪いことではありません。

> **インタージェンダー** (intergender)：男性と女性という二元論的ジェンダーのあいだに位置するか、両者が混在していると自認する人。

　現在、この用語については論争があります。これを使うのにふさわしいのは誰なのか？　考え方は主に2つあります。

注94：「自己認識」については用語解説207ページを参照。

◆ つながりを感じる人なら誰でも使える。

◆ インターセックスの人によってのみ使われるべきであり、それ以外の場合は流用になる。というのも、インターセックスの人々にはインターセックスとしてのアイデンティティを反映する言葉が必要だから。インターセックスではない人々はこれを尊重し、ほかのラベルを使うべきである。

> **ジェンダー無関心**（gender indifferent）：自分のジェンダーやジェンダー表現に無関心であること。

ジェンダー無関心の人は、自分のジェンダーやジェンダーという概念そのものに積極的な感情をまったく抱きません。

このアイデンティティを自認するマリオンは、それがどんなものなのか、こう説明しています[注95]。

「必死になってラベルを探している」状態からの脱出

高校3年のとき、自分は「絶対にシスじゃない」と思って、すぐに自分にふさわしいラベルを探し始めました。正直、その作業はすごく苦痛だった。手あたり次第に何でも調べまくりました。いいなと思える言葉はあったけど、その気持ちは数日くらいしか持たなくて、ときには1時間で気が変わることも。もちろん、自分のジェンダーにラベルを貼らなくてもいいってわかってたけど、それでもラベルが欲しかった。

堂々巡りをして3、4カ月が過ぎたころ、tumblr.をスクロールしていると（いつもみたいに）、ある人のブログにたどり着いた。サイド

注95：マリオンについてはこちらをご覧ください。http://bit.ly/2cJLLiV https://twitter.com/marionberry42

バーのIDに「ジェンダー無関心」ってあって、ブログの内容はぜんぜん覚えていないけど、頭のなかでそのラベルがパズルのピースみたいにピタッとはまりました。

　私はジェンダー無関心で、それは私にとって、自分のジェンダー・アイデンティティに対して距離があるということ。自分はシスじゃないという事実を認め、大切にするけど、それ以外は「別に」って感じて、何とも思わない。この感覚は代名詞の好み（お気に入りならいくつかある）やジェンダー表現にも反映されています。まわりにノンバイナリーだってことを知ってもらえれば、どんな代名詞を使ってもらっても気にしません（自己紹介をするときは、ふだんは詮索されないように「彼ら〈they〉」を使います）。

　それから服装については、見た目で主張したいとは思わないので、自分の好きなものとか、その日の予定に合わせて気持ちよく過ごせるものを着ています。

　ラベル探しの旅は奇妙な道のりだったけど（正直に言うと、やっと見つけたラベルにもちょっとうんざりする日がある）、それは自分がノンバイナリーだってことを説明するのに役立ってる。少なくとも「必死になってラベルを探している」状態から脱出できたのはよかったと思っています。

グレージェンダー（graygender）：ジェンダーに対する意識が弱いか、ジェンダー・アイデンティティやジェンダー表現について関心が低いアイデンティティ。

　グレージェンダーの人は、自分にジェンダーがあることははっきり感じていますが、次のような感覚も持ち合わせています。

- 自分が自分自身のジェンダーから切り離されている。
- 概念としてのジェンダーにあまり関心がない。

- 自分のジェンダーに強い思い入れがない。
- ジェンダーの認識がかなり断続的である。
- 自分のジェンダーは定義するのが難しい。

　これでこのセクションは終わりです。世の中にはあまりにも多くのジェンダーが存在するので、まだジェンダー教育の表面をほんの少しかすめたにすぎませんが、私としては、みなさんがある程度知識を広げ、自分のものと思えるラベルを1つか2つ見つけてくれたらと願っています。
　この章を読み終わっても自分にふさわしいジェンダーの用語が見つからないときは、ほかの情報源にぜひ当たってみてください。それでもまだ自分の言葉が見つからないときは、新しい言葉をつくってみてはどうでしょう！

　それから、先に進む前に少し時間をとって、つぎのページの質問に答えて自分のジェンダーについて考えてみましょう。

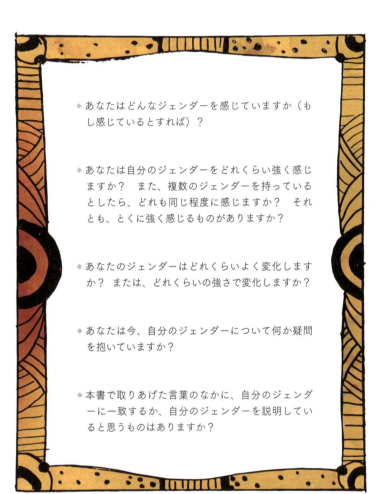

- あなたはどんなジェンダーを感じていますか（もし感じているとすれば）？

- あなたは自分のジェンダーをどれくらい強く感じますか？　また、複数のジェンダーを持っているとしたら、どれも同じ程度に感じますか？　それとも、とくに強く感じるものがありますか？

- あなたのジェンダーはどれくらいよく変化しますか？　または、どれくらいの強さで変化しますか？

- あなたは今、自分のジェンダーについて何か疑問を抱いていますか？

- 本書で取りあげた言葉のなかに、自分のジェンダーに一致するか、自分のジェンダーを説明していると思うものはありますか？

第3章 IDENTITY

性的アイデンティティと恋愛のアイデンティティ

誰に、どんなふうに魅力を感じる？

「あの人って、魅力的」。ふだん、私たちは何気なくそんな会話を交わします。でも、ちょっと待ってください。どんなふうに「魅力」を感じるのか、詳しく説明できますか？ 相手は男性？ 女性？ ノンバイナリー？ そしてその「魅力」というのは性的なもの？ それとも、恋愛的なもの？ それと、魅力の感じ方はいつも一定？ 状況によって変わったり、そもそも感じなかったり？ 感じ方は、どこまでも自由です！

ジェンダーとジェンダー・アイデンティティ、ジェンダー表現についてじっくり学んできたので、今度は誰かに魅力を感じる（あるいは感じない）というのはどんな感覚なのかを考えていきましょう。

性的アイデンティティと恋愛のアイデンティティという概念を軸として、あまり知られていないことや、誤解されやすい事柄について解説していきます。その前にまず、「性的指向」と「恋愛の指向」がどんなものなのか、確認したいと思います。

性的指向：どんな相手に性的魅力を感じるか

性的指向（sexual orientation）とは、どんな相手に性的に魅力を感じるか、または感じないかということ。具体的にはこんなことが含まれます。

◆ どのジェンダーに性的魅力を感じるのか。

例 「男性にしか夢中になれない」

◆ 性的魅力を感じるなら、どれくらいの強さや頻度で感じるのか。

例 「自分は誰かに性的魅力を感じた経験がないような気がする」

◆ 性的魅力を感じる感覚がどれくらいの強さや頻度で変化し、揺れ動くのか。

例 「女性しか好きになれない日もあれば、あらゆるジェンダーに性的魅力を感じる日もある」

◆ 性的魅力を感じる条件は何か。

例 「私は相手と感情的なきずなを築いてからじゃないと、その人に性的魅力を感じることはない」

性的魅力（sexual attraction）を感じるというのは、誰かの存在によって性的欲求や性的興奮をかき立てられ、その人に強い関心を抱くことを意味します。この感覚がいつ、どんなふうに生じるかは人それぞれ。私たちの好みは1人ひとりみんなちがっているし、何を「性的」と受け止めるかは主観的だからです。

たとえば私にとって、キスはとてつもなく性的なこと。素敵なキスをすると鳥肌が立ち、心臓がどきどきして性的なことをしたくなりま

す。でも、誰もが同じではありません。私の友だちのエステルはまったくちがった見方をします。キスについて彼女の考えを聞いてみましょう[注96]。

大好きな友だちへのキス

　2年くらい前、親友にアセクシュアルだと打ち明けたとき、まずこう聞かれました。「じゃあ、キスとかはどうなの？」私は戸惑いながら、そんなの聞くまでもないでしょと言わんばかりに、「……キスは別に性的なことじゃないから」と答えました。

　セックスや性的関心にかかわることはふだんあんまり話題にしないから、私は無意識のうちに自分の考えがふつうで、ほかの人たちも同じように感じていると思っていました。でも、どうでしょう？ 同じ行為でも、人によって意味合いはかなりちがってくるんです！ 私は家族同士で唇にキスをするのも、あまり親密じゃない人のあい

注96：エステルについてはこちらをご覧ください。http://bit.ly/2cdQciL　https://www.youtube.com/c/estellezee

だで頬にキスするのも見たことがあるし、私の親友にとっては、キスは性的な行為以外の何ものでもありませんでした。

　私はもともと、とても愛情深い性格です。そして私にとって、キスは数ある愛情表現のうちの1つ。大好きな友だちには、いつも頬にキスします。恋人となら長いキスが最高。でも、キスとセックスがつながっていると感じたことはありません。誰かと体を寄せ合ってキスをしても、私にはちっとも性的な行為じゃありません。私にとってキスの素晴らしさとは、純粋にプラトニックでロマンティックなものか、感覚的な心地よさといったものなんです[注97]。

　さて、あなたが誰かに性的魅力を感じるかどうかわからなくても、心配いりません。あなただけじゃないのですから。そんな人の多くは、自分のアイデンティティがアセクシュアルのスペクトラムにあると感じています[注98]。これは一般的に、他人に対して性的魅力を感じる程度がほんの少しか、まったくないか、ある範囲で揺れ動いていることを意味します。

　ちなみに、アセクシュアルではない人が性的魅力をどのように感じているかというと、共通する感覚としては、つぎのようなものがあります。

注97：感覚的な魅力とプラトニックな魅力については146ページの注釈をご覧ください。
注98：アセクシャルのアイデンティティの詳細について173ページを参照してください。

- キスをしたいと思う
- セックスをしたいと思う
- ある人のそばにいるとドキドキする
- 誰かと性的な関係を持つところを想像する
- 誰かと熱い視線を交わす
- ある人のせいで落ち着かない気分になったり、緊張したりする
- 性的興奮を感じる。生殖器に血液が集中する、乳首がかたくなるなど
- ある人のそばにいると顔が赤くなる
- 誰かの体に触れ、近くにいたいと強く思う
- ある人の裸を見たいと思う[注99]

　あなたが性的魅力をたしかに感じるとしても、その感覚が誰にでもあるわけではないし、誰もが同じように感じるわけでもないことを理解しましょう。その感覚は人によって本当にさまざまです。とくにわかりやすい例は、ジェンダーの好みです。

　たとえば、性的に魅力を感じる相手は男性だけとか、女性だけ、男女両方、ノンバイナリーな人、あらゆるジェンダーというように、パターンはいくらでもあります。ジェンダーの好みだけでなく、性的魅力を感じる強さも人によってかなりちがいます。自分が男性に強い魅力を感じると表現する人もいれば、どちらかといえば魅力を感じる程度という人もいるでしょう。さらには流動的な指向を持ち、状況によって魅力を感じる相手が変わる人もいます。信じられないほどたくさんの感覚が存在しますが、嬉しいことに、それを言い表すすばらしい言葉もたくさんあります。それらについては、これから詳しく説明していきます。

　結局、自分にとって何が性的で何がそうじゃないか、どんな対象に性的魅力を感じるかは個人の感覚次第。そして、それこそがまさに性的指向なのです。

注99：言うまでもなく、このリストにある感覚がいつも性的魅力の証拠になるとはかぎりません。これらの感覚はプラトニックなものにも、恋愛にかかわることにも、感覚的なものにも、美的なものにも、もしくはまったく一貫性のないものにも当てはまることがあります。言葉の意味がさっぱりわかりませんか？　そんなときは今すぐに http://bit.ly/2cmHYaQ (https://www.youtube.com/watch?v=8o-120NAsI8) か146ページを参照してください！

恋愛の指向：どんな相手に恋愛的魅力を感じるか

恋愛の指向は、性的指向とはまたちがいます。

恋愛の指向（romantic orientation）とは、恋愛感情としてどんな相手に魅力を感じるか、または感じないかということ。具体的にはこんなことが含まれます。

- 恋愛感情として、どのジェンダーに魅力を感じるか。
- 恋愛的魅力を感じるとすれば、どれくらいの強さや頻度で感じるか。
- 恋愛的魅力がどれくらいの強さや頻度で変化し、揺れ動くか。
- 恋愛的魅力を感じる条件は何か。

恋愛的魅力（romantic attraction）とは、誰かに感情的に魅力を感じること、愛着を感じることです[注100]。恋愛的な感情が芽生えたとき、その人は相手に対して感情的な結びつきや、親密さを求めていることがあります。一般的にそういった関係は、友だち同士の親しさとは別のものか、「それ以上のもの」と考えられています。もちろん、恋愛的魅力の感じ方も、性的魅力と同じように、人によってさまざま。「恋愛」もまた主観的だからです。

では、どんなことが恋愛なのでしょうか。私がツイッターで厳正に行った科学的調査の結果、つぎのようなことが判明しました。

一般的に、恋愛に含まれると思われているのは……

- さりげないハグ
- ひたいへのキス
- ユーモアのある接し方

注100：「恋愛的魅力」はこうした感情をもっとも正確に説明する表現ではないと考える人もいます。そうした人々は、「恋愛」は資本主義を広め、女性を抑圧するために、近年になってから西洋で考え出されたものだと指摘します。そして代わりの表現として提案されているのが「感情的魅力」です。しかし、今では「恋愛」が広く使われていることと、多くの読者が「恋愛の指向」や「恋愛的魅力」があると自認していると思われることから、本書では「恋愛および恋愛的」という用語を使うことにします。

- 傷つきやすくなること
- 気が合うこと
- 信頼できること
- ケーキを食べながら一緒にビデオゲームをすること
- 信頼関係を築くこと
- セックス(注101)
- ストレスの強い環境でチームが協力して仕事をこなすこと
- 添い寝をしながらパートナーに髪をなでられること
- 携帯のバッテリーが切れそうなとき、パートナーがそれに気づいて何も言わずに充電してくれること
- おならコンテスト
- 「#愛してる」「#ロマンチックな気分」とタグをつけてハートの絵文字を大量に送ること

注101：このリストに「セックス」があることに戸惑いを覚えた方のために、ちょっと説明しましょう。セックスが恋愛だと見なされる経緯はいくつかあります。たとえば、セックスは人によっては、あくまでも恋愛にかかわる経験です。セックスをするのは性的に興奮したからではなく、そのときにパートナーとのあいだに生まれる親密さや感情的なつながりを味わいたいから、ということもあるでしょう。またある人にとっては、恋愛と性的な要素を兼ねそなえたものかもしれません。つまり、セックスによって生まれる親密で感情的なつながりに喜びを覚え、同時に性的興奮も味わっているということ。さらには、セックスは恋愛関係や恋愛感情をまったく伴わない、純粋に性的なものにもなりえるのです！

こんなふうに、「恋愛」のとらえ方にはかなり幅があります。また、恋愛的魅力をあまり感じない人や、まったく感じない人、またはその感じ方が変化する人もいます。彼らの多くは、自分のアイデンティティがアロマンティックのスペクトラムにあると感じています[注102]。恋愛感情として誰に魅力を感じ（感じるとすれば）、その感じ方の強さや頻度はどのようなものか。そういったことが、あなたの恋愛の指向を判断する重要な要素になります。

性的指向と恋愛の指向はどうちがう？

性的指向と恋愛の指向は一般的に区別されない場合が多いのですが、じつは大きなちがいがあります。もちろん、これらは互いに作用し、重なるところがあり、現に多くの人にとっては一致するのですが、まるでちがう人もいます[注103]。

たとえば、恋愛感情としてはあらゆる種類のジェンダーに関心が向かうのに、性的関心は特定のジェンダーにしか向かない人がいます。私の場合も、性的指向と恋愛の指向が完全に一致しているわけではありません。私の性的指向は「パンセクシュアル」で、恋愛の指向は「ホモフレキシブル」です。

私にとって「パンセクシュアル」は、あらゆる種類のジェンダーに性的魅力を感じるという意味。実際に性的魅力を感じる特徴としては、ショートヘア、タトゥー、生き生きとした目、そばかす、たくましい体、曲線美、優しい笑顔、冒険心、情熱、才能、自信など。これらをすべて兼ねそなえた人が現れたら、その人が男性でも女性でも、アジェンダーでもノンバイナリーでも、それ以外のどんなアイデンティティでも、私はきっとすごくセクシーだと思うでしょう。そしてその人にキスをし、触れたいと感じるかもしれないし、その人がシャツを脱いで腹筋を披露してくれるなら拒みはしないと思います。私が性的に魅力を感じる相手の人物像はそんな感じです。

注102：アロマンティックのアイデンティティの詳細は175ページをご覧ください。
注103：これは「混合型指向（mixed orientation）」と呼ばれることもあります。

144

ところが恋愛となると、基本的には女性に惹かれます（これは「ホモフレキシブル」の「ホモ」にあたります）。女性のエネルギーと優しさには、ほかのジェンダーよりも私の心をそわそわさせる何かがあるのです。また、私は恋愛感情として魅力を感じる女性に対して、愛のある真剣な関係を強く願いがちです。

ただし、私が恋愛的魅力を感じるのは女性だけではありません。過去には何人かの男性に恋愛感情を抱いたことがあります（これが「ホモフレキシブル」の「フレキシブル」にあたります）。それでもフレキシブルなのはあくまで例外。だから、私は自分の性的指向と恋愛の指向が一致していないと考えています。

友人のジョーも、性的指向と恋愛の指向が一致しない典型的な例です。彼はこう語っています[注104]。

恋心を感じることと
性的関係を望まないことは矛盾しない

僕はかなり早い時期から、自分は恋愛対象としても、性的な意味でも、女の子に興味がないって気づいていました。子どもでも「ゲイ」の意味くらい知ってた。だから長いあいだ、自分は「そっち」だって思ってました。でも思春期になって、自分が男性に惹かれる気持ちはそれほど強くないってわかった。いつか1人の男性と「ふつうの」暮らしを築くのはとても想像できなかったし、親密な関係がどんなものかも想像できなかった。

自分のなかには同性愛に対する嫌悪感もあって、14歳から18歳にかけては本当につらい時期だった。自分がゲイだとは思えないし、かといってストレートやバイなんかもっとあり得なくて、当時はどんなラベルも受け入れられなかったから。「ホモ」なんて蔑称はもっと耐えられない。そんなふうに不安定なアイデンティティの泥沼にはまって、ずいぶん長いあいだ精神的に苦しみました。

注104：ジョーについてはこちらをご覧ください。http://bit.ly/2cHscGW　https://www.youtube.com/user/JoeeJayy

その後、アセクシュアリティ（無性愛）という概念に出合い、自分のことをそれまでとはちがったふうにとらえられるようになりました。自分と同じジェンダーに恋心を感じるのは、その相手に性的関係を望まないことと矛盾しないし、衝突することもない。それどころか、性的指向と恋愛の指向がちがった作用をするのはごく自然なことだった。僕はあまりの解放感に胸をなで下ろし、ついに自分のアイデンティティを名乗れると思いました。あたりまえだと思われてる「同性愛者の規範」(注105)に合わせるんじゃなく、自分に見合った方法で名乗れるんだと。

　僕は誰に対しても性的魅力を感じないのに、同性に対して恋愛感情を抱くから、エースであると同時にゲイだと自己認識するようになった。これが正確な事実だけど、2つのアイデンティティの背景にある文化や一般的な受け止め方がまったくちがうから、自分自身にとっても、他人にとっても理解しづらいのはしかたありません。それでもやっぱり、2つの指向が自分のなかで響き合うように、これからも努力しなければと思っています。

　このように性的指向と恋愛の指向はきわめて多様です。しっかりと覚えておいてもらいたいのは、恋愛感情なしで誰かに性的に魅力を感じることもあれば、その反対も十分にあり得るということです(注106)。

―――――――
注105：規範については用語解説（204ページ）をご覧ください。
注106：豆知識：性的魅力と恋愛的魅力だけでなく、ほかにもさまざまな魅力があります。そのうちのいくつかを紹介しましょう。
美的魅力（aesthetic attraction）：本質的にセックスや恋愛とは無関係に、ある人の外観を高く評価すること。（例：「あの人ものすごくかっこいい。服装も髪型も顔も体つきも好みで、最高！」「誘ってみたら！」「ちがうの、そうじゃないの、キスとかデートとか、そういうのは興味ない……ただ遠くから見ていたい」）
プラトニックな魅力（platonic attraction）：ある人とのあいだに友情や親近感、精神的結びつきを築くことを強く求め、その人に惹かれる感情。
感覚的魅力（sensual attraction）：本質的にセックスや恋愛とは無関係に、人の感覚（とくに触覚と嗅覚）に訴えること。ある人が発する匂いに惹かれるとしたら、それは感覚的に魅力を感じていることの一例。また、感触の心地よさから、その人の手を握ったり、抱きしめたりしたいと願うこともある。
オルタラスな魅力（alterous attraction）：ある人に対してプラトニックとも恋愛感情とも言い切れない、精神的な親密さを強く望むこと。（例：あなたと恋愛関係にも性的な関係にもなりたくないけど、私の友だちとの関係とはちがったかたちで精神的に親密になりたい）
こうした魅力についてもっと知りたければこちらをご覧ください。http://bit.ly/2cmHYaQ https://www.youtube.com/watch?v=8o-120NAsI8

みなさんはすでに性的指向と恋愛の指向の意味と、両者のちがいについて、基本的な知識を身につけました。つぎは性的アイデンティティと恋愛のアイデンティティ、それらの指向を表すラベル、接頭語（単独では用いられず、常に他の語の頭につく言葉）、接尾語（単独では用いられず、常に他の語の末尾につく言葉）、および用法について学んでいきましょう(注107)。

1つのジェンダーに魅力を感じる場合

まずは単一のジェンダーにのみ魅力を感じる指向とアイデンティティから始めましょう。

> **モノ（Mono-）／モノセクシュアリティまたはモノロマンティシズム**（monosexuality/romanticism）：1つのジェンダーに魅力を感じること。
>
> **例** 親友のエミリーは、男性にしか魅力を感じない女性だと自認しています。一方で、私の婚約者のグレースは、基本的には自分と同じ女性に惹かれます。どちらも関心が単一のジェンダーに向かっているので、モノセクシュアルと言えます。

この接頭語（「モノ〜」）について注意すべき点はつぎのとおりです。

- 自分の指向を積極的に主張するというより、説明のために用いられることが多い。
- 以下のような理由から、この用語については疑問の声がある。
- 単一のジェンダーに魅力を感じるLGBTQIA＋と、ストレートの人を同列に並べている。LGBTQIA＋の人はストレートの人が持つ特権に恵まれていないのだから、一括りにすべきではない。一括りにすれば、彼らの苦労を覆い隠し、否定することになる。

注107：これらのラベルや接頭語、接尾語は、性的指向と恋愛的指向のどちらにも使えます。

147 ｜ 第3章 性的アイデンティティと恋愛のアイデンティティ

◆ この用語には、単一のジェンダーに魅力を感じる人は「クィアと呼ぶに値しない」と軽蔑し、侮辱するために使われた過去がある。

◆ この用語は他人にラベルを貼るために、当事者の同意がないところで濫用されていて、それを快く思わない人がいる[注108]。

ヘテロ（Hetero-）／ヘテロセクシュアルまたはヘテロロマンティック（heterosexual/romantic）、もしくはストレート（straight）：二元論的ジェンダーにおいて、自分とはちがうもう一方のジェンダー[注109]に魅力を感じること。

例 先ほど登場したエミリーは男性にしか魅力を感じない女性だから、ストレートまたはヘテロである。

ホモ（Homo-）／ホモセクシュアリティまたはホモロマンティシズム（homosexuality/romanticism）[注110]：自分自身と同じか、自分に近い[注111]ジェンダーに魅力を感じること。

例 女性に性的魅力を感じる女性は、ホモセクシュアルである。

レズビアン（lesbian）：一般的に、女性に魅力を感じる女性のこと。ただし、女性らしさにとくにつながりを感じる人や、女性に魅力を感じるノンバイナリーまたはジェンダークィアな人も、このアイデンティティを使うことがあります。

注108：私はエミリーとグレースのどちらにも、彼女たちが感じる魅力をモノセクシュアルと表現していいか尋ねました。2人ともまったく問題ないそうです！

注109：私が「反対の」ではなく「もう一方の」という表現を使っていることにお気づきでしょう。「反対の」といった類いの言葉は男女二元論を持続させます。そもそも二元論においても、「反対の」ジェンダーは存在しません。男女は相反するものではなく、単に二元論的な性別の2つの構成要素にすぎません。

注110：「ホモセクシュアリティ」は時代遅れで医学的な響きがある用語であり、一般的にLGBTQIA+のあいだでは人気がなくなりつつあります。

注111：この「近い」という言葉は、この定義にノンバイナリーな人々を含めるために不可欠です。というのも、ノンバイナリーなアイデンティティは非常に多彩だからです。そのため、完全に同じジェンダーを持つノンバイナリーな人が2人見つかることはめったにありません。しかし、ノンバイナリーな人も自分にしっくりくると思えば、この用語を自分に用いることがあります。

148

> **ゲイ**（gay）：このラベルにはいくつかの用法がある。
> - とくに男性に魅力を感じる男性を指す。
> - 基本的に自分と同じか、自分に近いジェンダーに魅力を感じる人を指すのにも用いられる。
>
> 例 ゲイは、ゲイ男性だけでなく、レズビアンも指す。
> - さらには、ストレートでないあらゆる指向の総称として用いられることがある[注112]。
>
> 例 レズビアン、バイセクシュアル、パンセクシュアル、クィア、ノボセクシュアルなど。

　私の素敵な婚約者のグレースはレズビアンだと思われることが多いですが、本人はじつのところ、つぎのような理由から「ゲイ」という呼び方が好きです。

ゲイの「限定されない印象」が好き

　カミングアウトしたばかりのころ、LGBTQIA+の呼び方がこんなにたくさんあるなんて知らなかった。私はまだ19歳で、それまで13年間も私立のカトリックの学校で過ごしてきたから、LGBTQIA+のコミュニティについて無知だったんです。自分の指向を本格的にカミングアウトするようになったときは、当時知っていた数少ないラベルのなかから「レズビアン」を選びました。

　自分を説明するのに今でもこの表現を使うことがあるけど、お気に入りじゃありません。「レズビアン」という言葉にはしっくりこないところがあるんです。「レズビアン」には自分は女性だというニュアンスがあるのに、私は自分が完全に女性だとは思えない日がある。実際、わたしのジェンダー・スペクトラムには少し幅がある

注112：なかにはゲイのこの用法を嫌う人もいます。ゲイが総称として用いられると、LGBTQIA+のコミュニティのほかのアイデンティティを消し去り、ゲイの経験を最優先させるように感じられるからです。（例：「プライド」ではなく「ゲイ・プライド」、「LGBTQIA+の権利」ではなく「ゲイの権利」と言うことは、マルチセクシュアルやトランス、アセクシュアルといった人々を認めていない）

ので、「レズビアン」というと、ジェンダーが狭められたような気がするんです。

　最近では「ゲイ」の方が、自分のジェンダーが100パーセント女性だと限定されない印象があるので好きです。大切なのは、他人が私にふさわしいと思う名称じゃなく、自分自身が心地よいと感じられる名称を使うこと。私の場合は知識不足のせいで、自分をうまくかたちの合わない箱に押しこめていました。今では自己認識がしっかりして、自分が心地よく感じられるラベルを使ってます。アイデンティティについてはまだ勉強中なので、これからさらに変わるかもしれません。

　私もときどき婚約者と同じく、自分を説明するのに「ゲイ」という言葉を使っています。自分とはちがうジェンダーにも惹かれるのに、なぜこのラベルを使うのか。それを説明するのは難しいのですが、たぶん「ゲイ」のほうが「バイ」や「パン」よりも理解されやすいからだと思います。「パン」という言葉を口にすれば説明を求められるし、「バイ」と言えば、答えに困るようなことや、プライベートな質問をされることが多いのです（「どっちのジェンダーの方がとくに好きなの？」「そのつまり……どっちともセックスしたの？」）

それに対して「ゲイ」はシンプルで、たいていの人が意味を知っています。理解されやすい言葉を使えば、ほかのラベルにつきまとうスティグマや疑問から逃げることができます。精神的に余裕が生まれるんです。やっぱり、複雑であまり知られていないアイデンティティを何度も説明し、正しい認識へと導くのはかなり大変。

　いつもそうできればいいけれど、四六時中誰かを教育をすることはLGBTQIA+の人々の仕事ではありません。精神的負担に耐えられないと感じたときは、セルフケア(注113)も必要。私にとって、シンプルで理解しやすく、質問されずにすむラベル使うことは、セルフケアにほかならないのです。

　また、私はLGBTQIA+のコミュニティの一員だと実感するために「ゲイ」を使うこともあります。バイセクシュアルが嫌悪されるのは悲しいけれど現実です。LGBTQIA+の人のなかには、マルチセクシュアルを自分たちの空間や会話に迎えるのをためらう人もいます。繰り返しになりますが、正直に言って、こういったことに対処できないくらい疲れている日もあります。そこでクィアであることについて問い詰められたくないときは、「ゲイ」と言ってすませるようにしているのです。

　こんなふうに、私はストレスや詮索から逃げるために「ゲイ」を使うことがありますが、それ以外にも、自分のホモフレキシブルな恋愛の傾向から「ゲイ」というラベルに強い結びつきを感じて使うこともあります。なぜなら、私が交際したいと思う相手は基本的に女性なので、「ゲイ」は自分を説明するのにふさわしい表現とも言えるからです。すべては状況とその瞬間の自分の気持ち次第ですが、それでも私は折に触れ、「ゲイ」という名称を使っています。

注113：セルフケア：自分の心身が健康であるように管理すること。具体的には自分自身に向けての愛や忍耐、感謝のほか、明晰なこころと幸福感を保つために休むことも含まれるでしょう。

２つ以上のジェンダーに魅力を感じる場合

　このセクションでは、魅力を感じるジェンダーが複数ある人のアイデンティティと指向について説明します。複数ですから２つ以上、あるいは３つ、４つ、もしかすると無限かもしれません！　この先は少し話が長く複雑になるので覚悟してくださいね。

マルチ（Multi-）／ノンモノ（Non-mono-）マルチセクシュアリティまたはマルチロマンティシズム（multisexuality/romanticism）、**およびノン・モノセクシュアリティまたはノン・モノロマンティシズム**（non-monosexuality/romanticism）：複数のジェンダーに対して魅力を感じる指向およびアイデンティティの名称。

例 バイ、ポリ、パン、オムニセクシュアルまたはオムニロマンティックの人は、複数のジェンダーに魅力を感じるので、マルチセクシュアルまたはマルチロマンティック、ノン・モノセクシュアルまたはノン・モノロマンティック。

バイセクシュアリティまたはバイロマンティシズム（bisexuality/romanticism）：一般的な定義は２つ。

◆ ２つのジェンダーに魅力を感じること。

例 男性と女性、男性とデミガイ[注114]、マーベリックとニュートロワ。

◆ ２つかそれ以上のジェンダーに魅力を感じること[注115]。

例 私の場合、自分と同じジェンダーに加え、ほかの多くのジェンダーにも惹かれます。そのため私は自分を表現する修飾語の１つとして「バイセクシュアル」を使うことがあります。

注114：「デミガイ」については106ページをご覧ください。
注115：私の経験では、バイセクシュアルの人々のほとんどは自分のバイセクシュアリティをこの意味でとらえています。1つ目の定義は、ノンバイナリーな人々をさらにはっきりと含めようという考えから、あまり使われなくなりつつあるようです。

注意しないといけないのは、バイのなかにもいろいろなタイプがいて、複数のジェンダーに対する魅力の感じ方や、その強さは人それぞれだということです。特定のジェンダーに強く惹かれやすい人もいれば、相手のジェンダーによって惹かれ方がちがう人もいるでしょう。それがごくふつうの姿。どのジェンダーに対しても同じように魅力を感じ、同じくらいずつデートをしないとバイとは呼べないという決まりはありません。ほとんどのラベルについて言えることですが、あるアイデンティティを名乗るための条件などありません。バイであるために必要なのは、自分がそうだと認識することだけです。

> **パンセクシュアルまたはパンロマンティック**（pansexual/romantic）：あらゆるジェンダー、もしくはすべてのジェンダーに魅力を感じられる状態。

　パンの人の多くは、ジェンダーにはそれほど大きな影響力がないと感じています。これは一般的にパンのアイデンティティと結びつけられる特質です。

　ただし、パンのなかには、ジェンダーが魅力の感じ方に影響を与えていると感じる人もいます。バイセクシュアリティと同じように、なかには傾向として、とくに惹かれるジェンダーがある人もいるのです。また、ジェンダーによって魅力の感じ方がちがう人もいるかもしれません。

> **バイVSパン**：バイとパンのちがいはわかりづらいところがあります。最終的に、どちらを使うかは完全に個人の好みです。人によっては、この2つの指向には大きなちがいがあり、そのためどちらか一方を使っています。

バイを使う理由	パンを使う理由
「バイ」というラベルにつきまとう否定的なスティグマに対抗したい。	「バイセクシュアル」につきまとう否定的なスティグマを避けるため。
バイという言葉をなくそうとする動きに対抗したい。	誰かに魅力を感じるとき、ジェンダーはあまり重要な要素じゃないから。他人のジェンダーは尊重するけど、それによって相手に惹かれる度合いが変わることはない。
単純に世の中とのつながりをより強く感じる。	
自分を表現するために初めて使ったラベルだから、いちばん馴染みがある。	厳格なジェンダー二元論に積極的に挑む接頭語だから。
すべてのジェンダーに惹かれるわけではないため、「パン」はふさわしくないと感じる。	「バイ」よりめずらしい。これを使うと注目され、性や恋愛の多様性について話すきっかけになる。
一般的に「パン」より「バイ」の方が知られている。バイを使えば説明しなくてすむ。	ただしっくりくる。
「バイ」という言葉には、多くの人が誇りを感じる、長く豊かな歴史がある。	
バイセクシュアルのコミュニティの方が、LGBTQIA＋のリアルな空間に存在していることが多い。それに対してパンセクシュアルは比較的新しく、結果的にコミュニティはオンライン上にしか存在しないことが多い。	
ただしっくりくる。	

「バイ」と「パン」を使い分ける理由について、みなさんの理解が深まることを願っています。しかし、誰かが特定のラベルに親近感を持つようになったきっかけをよく理解するには、当事者の言葉を聞くのがいちばんです。YouTubeの仲間のなかでもとくに親しくしているアレイナ・フェンダーは、自分を表す言葉についてユニークな考え方をしています[注116]。

―――――――――

注116：アレイナについてはこちらをご覧ください。http://bit.ly/2cJMAIn　https://www.youtube.com/user/MissFenderr

バイを名乗り、パンに正しさを感じ、心のなかではクィアと思う

　私は男性や女性をはじめ、あらゆるジェンダーに魅力を感じる女性なので、自分に「合っている」識別名はいくつかあります。実際に使っているのはバイセクシュアルです。ただし、パンセクシュアルの一般的な定義の方が自分をうまく表していると思います。だけど、心のなかではクィアなんです[注117]。これらのラベルと自分との関係は、これまでずっと変化してきました。

　私が初めてカミングアウトしたときから今にいたるまで、いちばんよく使うのは「バイ」です。何よりもシンプルで、理解してもらいやすいから。でも、パンセクシュアルの方が、「男」と「女」以外のジェンダーを（文字どおり）積極的に受け入れているので、自分と自分のセクシュアリティに合っていることはまちがいありません。にもかかわらず、前から自分がいちばんつながっていると感じてきた識別名は「クィア」。カミングアウトする前から、その言葉を頭のなかで繰り返し口にしてはほっとしたものです。

注117：「クィア」という識別名についてもっと知りたい？　では、186ページを開いてください。

となると、パンセクシュアルやクィアに強い結びつきを感じているのに、どうしてバイセクシュアルと名乗っているのか不思議ですよね？

　バイセクシュアルというのは、ふつうは一般の人たちからも理解してもらいやすい言葉です。バイセクシュアルというラベルを貼れば、説明を最小限ですませられます。ところが、パンセクシュアルだとカミングアウトすると、そのたびにそれがどんなものか説明しないといけません。私としては、毎回その責任を負う気にはなれないんです。

　すると、最後にもう1つ疑問が残ります。どうしてクィアと名乗らないの？　正直に言って、これは自分でも割り切れずにいます。簡単に説明すると、自分がクィアと言い切れるのか確信がないんです。私の自己表現は女性的だし、ある男性と長くつき合っています。私には恋人との関係においても、日常生活においても、ストレートとして通る特権があるわけです。自分はクィアだと名乗るために必死で闘っている人たちのラベルを流用していいのだろうか、と葛藤を感じます。

　要するに、私はバイセクシュアルと名乗り、パンセクシュアルの一般的な定義の方が自分に合っていると感じ、それなのに心のなかではクィアだと思っているわけです。

　アレイナがこれらの言葉にちがいを感じ、その違いが彼女にとって大事な意味を持っているのは明らかです。その一方で、2つの接頭語にほとんど差を感じない人もいます（私も含めて）。そういう人はどちらにも共感し、両者を区別せずに使うこともあるでしょう。いずれにしても、「バイ」か「パン」を名乗る理由として、何が正しくて何がまちがっているということはありません。

> **オムニ（Omni-）／オムニセクシュアルまたはオムニロマンティック**（omnisexual/romantic）：パンセクシュアルまたはパンロマンティックと同じように、あらゆるジェンダーに魅力を感じる可能性がある人。

　オムニのなかには、魅力の感じ方に対してジェンダーがかなり影響しているという思いから、ほかのマルチセクシュアルなラベルではなく、あえてこのラベルを使う人がいます。そのためこのラベルは一般的に、ジェンダーに影響される魅力と結びついています。オムニの誰もがそう感じているわけではありませんが、一部の人はジェンダーによって惹かれ方も、惹かれる程度や理由もちがうと自覚しています。
　オムニセクシュアルのクリスティは、ジェンダーによって惹かれ方がちがうことをこんなふうに説明してくれました[注118]。

惹かれ方とタイミング

　私がオムニセクシュアルという言葉が自分に合っていると感じるのは、あらゆるジェンダー（あるいはジェンダーのない人）に魅力を感じるから。でも、ジェンダーによって魅力の感じ方はちがいます。これには私がデミセクシュアルでもあることが大きく関係しているようです。つまり、まずは精神的に強いきずなで結ばれないかぎり、どんな人にも魅力を感じることはありません。これまでに惹かれてきた人のほとんどは、かなり親しい友だちになってから初めて魅力を感じるようになりました。けれど、相手が女性の場合、ものすごく親しい友だちになってからじゃないと惹かれません。だから、私にとってジェンダーによる惹かれ方のちがいとは、タイミングのちがいだと言えるのです。

注118：クリスティについてはこちらをご覧ください。http://bit.ly/2ce2vcI　https://www.youtube.com/user/tirlen

ポリ（Poly-）／ポリセクシュアルまたはポリロマンティック
（polysexual/romantic）：必ずしもすべてのジェンダーとはかぎらないが、複数のジェンダーに魅力を感じる人。

例 マルコは男性、ノンバイナリー、アジェンダーに魅力を感じる。女性には魅力を感じず、それ以外のジェンダーについては魅力を感じるかどうかわからない。彼は自分をポリセクシュアルと考えているだろう。

バイキュリアス（bicurious）：複数のジェンダーに対して性的または恋愛的魅力を感じ、複数のジェンダーと性的関係や恋愛関係になることに興味を抱く人。

トライ（Tri-）／トライセクシュアルまたはトライロマンティック（trisexual/romantic）：3つのジェンダーに魅力を感じる人。

例 男性、女性、ニュートロワの人々に魅力を感じている。

トライ（Try-）／トライセクシュアルまたはトライロマンティック（trysexual/romantic）：「何でも1度は試す」ことに意欲的だと描写されることが多いが、基本的には新しい試みに積極的であるという意味。

このアイデンティティについて注意すべき点は以下のとおりです。

◆ 指向というより、性的な事柄や恋愛にオープンな姿勢を表すアイデンティティとしての色合いが強い。
◆ 文脈によってちがった意味で用いられる。冗談や侮辱的な意味で使われることも多いが、アイデンティティを正確に描写するための最適な用語として使う人がいることを忘れてはならない。

> **〜フレキシブル**（-flexible）：基本的に特定のタイプに魅力を
> 感じるが、例外の余地があることを認める人が用いる接尾語。

　この前に言葉をつけると、その人の典型的な魅力の感じ方を示すことになります。

> 例 私は恋愛に関してはホモフレキシブルだと認識しています。つまり、ふだんは女性に惹かれます。でも、過去には男性と恋に落ちたことがあります。

　性科学者として、YouTubeでセックスに役立つ情報番組の司会を務めるリンジー・ドーは、自分の指向はフレキシブルだと語っています[注119]。

なぜ、私はレズビアンを演じたのか

　私は中学生のころから自分がレズビアンだったらいいのにと願ってきました。それで、友だちとレズビアンの恋人同士になったふりまでして、自分がレズビアンらしいと思う話題について、レズビアンらしいと思う意見を語ったものです。振り返るとばかばかしいけど、すごく切実でした。

　当時は男の子を求める気持ちが強くて、彼らとデートもしたし、ジェニーじゃなくてブライアンといると下半身がなにやら不思議な感じになりました。なのに自分がヘテロセクシュアルだとは思えなくて、それで無理やり別の可能性を選び、12歳にしてレズビアンを演じていたわけです。

　ラベルとしてのヘテロセクシュアリティはいまだにしっくりきません。柔軟性のなさと、私のセクシュアリティに制限を課すところが嫌でたまらないのですが、バイ〜やパン〜、ホモ〜などと名乗る

注119：リンジーについてはこちらをご覧ください。http://bit.ly/1hDKcg7　https://www.youtube.com/user/sexplanations

のも正直ではない気がしました。私は性的にも恋愛的にも、男性に
魅力を感じるシスの女性なんです。思春期のときからずっとそうで
した。

　そこで、ヘテロフレキシブルというラベルについて学び、それを
名乗ることにしてから、前より居心地がよくなりました。自分の指
向の変化を受け入れつつ、それが新しい経験に応じて、どこにでも
自由に向かえる余地を確保できたから。私にとって、フレキシブル
であることは、セクシュアリティの大胆な動きを心から理解するこ
と。自分自身のセクシュアリティも含めて。自分が感じる魅力は受
け入れるけど、心の動きにはオープンでいる。白黒じゃないんです。
簡単には割り切れません。セクシュアリティとは、フレキシブルな
んです。

　ノマ（Noma-）／**ノマセクシュアルまたはノマロマンティック**
（nomasexual/romantic）：男性以外のあらゆるジェンダーに性的
魅力または恋愛的魅力を感じる人。

　ノウマ（Nowoma-）／**ノウマセクシュアルまたはノウマロマン
ティック**（nowomasexual/romantic）：女性以外のあらゆるジェ
ンダーに性的魅力または恋愛的魅力を感じる人。

　スコリオ、セテロ（Skolio,Cetero-）／**スコリオセクシュアルま
たはスコリオロマンティック**（skoliosexual/romantic）、**セテロ
セクシュアルまたはセテロロマンティック**（ceterosexual/
romantic）[注120]：ノンバイナリーなジェンダーに魅力を感じ
る人。

注120：この指向を「1つのジェンダーに対して感じる魅力」のセクションではなく、あえてここに
もってきたのは、ノンバイナリーなアイデンティティには膨大な数のジェンダーが含まれており、ス
コリオまたはセテロの人は複数のジェンダーに惹かれることが多いからです。

160

この指向について注意すべき点は以下のとおりです。

◆ この指向は人によって、ノンバイナリーな人にのみ魅力を感じる状態と解釈されることもあれば、それ以外のジェンダーにも魅力を感じる状態を含めることもある。
◆ これらのラベルについては疑問視する声も多い。
……これらのラベルはノンバイナリーな人をフェティシズムの対象にしている[注121]という意見がある。
……これを自認できるのはノンバイナリーな人にかぎるべきだという意見がある。
……「スコリオ」という接頭語は「ねじれた」もしくは「曲がった」という意味であり、快く思わない人がいる。スコリオな人やノンバイナリーな人は不自然でまちがっていて、どこか「ゆがんでいる」という含みがあるように感じられるため。そこで考え出されたのが、「ほかの」を意味する接頭語の「セテロ」。
……スコリオまたはセテロは、アンドロジニーに魅力を感じることだと誤解されやすい。このような誤解によって、ノンバイナリーに対するステレオタイプが助長されるとなれば問題だ。結局のところ、ジェンダー・アイデンティティはジェンダー表現とはかなりちがうため、ある人がノンバイナリーかどうかを見た目で判断することはできない。

難しいですね……これはかなり複雑なアイデンティティなので、とびきり頭の切れるバイジェンダーのユーチューバー、セイジの意見も聞いてみましょう[注122]。

ノンバイナリーに惹かれるとは？

この用語については慎重に扱うべきです。基本的には、セクシュ

注121：フェティシズムの対象にする：あるものに対して性的に極端に偏執的で、徹底した嗜好や執着を抱くこと。人をフェティシズムの対象にすることは、人を1つの特質へと矮小化し、人間性を奪うため問題視されることが多い。
注122：セイジについてはこちらをご覧ください。http://bit.ly/2bXJ649　https://www.youtube.com/c/HerbDinoOhNo

アリティについて誰がどう認識するかを取り締まるのはよくありません。ある人がノンバイナリーな人に魅力を感じると思うなら、反対する理由はない。相手がノンバイナリーに限定されるときも、ほかのジェンダーにも惹かれる可能性がある場合も、個人の自由。

　私自身はパンセクシュアルを自認するノンバイナリーで、あらゆるジェンダーに魅力を感じるので、相手をノンバイナリーに限定する必要性を感じません。だから、スコリオまたはセテロを名乗る人の経験を十分に理解してはいないのかもしれない。

　けれど、このアイデンティティがノンバイナリーな人をフェティシズムの対象にしたり、一般化したりすることにつながらないかという不安はぬぐえません。アシュリーが言ったように、誰かがノンバイナリーであるかどうかを外見から判断することはできない。そうなると、ノンバイナリーな人に惹かれるというのはどういう意味なんでしょう？　このグループは多様性に富んでいて、ジェンダー表現にもいろんなタイプがあります。では、スコリオやセテロという指向は、ステレオタイプ化されたノンバイナリーな人に魅力を感じることなのでしょうか？　そうでないなら、魅力を感じる理由は何でしょう？

　私は、「きみがノンバイナリーだから好きだ」と言われたら、はっきり言って不愉快な気持ちになるでしょう。フェティシズムの対象にされた気がすると思うはず。ありのままの私じゃなく、私のジェンダー・アイデンティティのせいで関心を持たれたんだと。もし、

その人と話し合って、本当の気持ちを知ったら、不快じゃなくなるかもしれませんが。

　世の中には女性だけに惹かれる人がいます。そして男性だけに惹かれる人もいます。もしそれが二元論的ジェンダーに惹かれることだと言えるなら、ノンバイナリーなジェンダーに惹かれる人がいるのも自然なのかも。この用語を使う場合、相手を一般化しているケースと、そうでないケースがあるように思うんです。

　このコメントを読んだ本書の編集者の1人が、アイデンティティを取り締まりたくないというセイジの意見に対して、興味深い指摘をしました。「コミュニティにとって、そういう取り締まりが必ずしも有害とはかぎらない。ときにはフェティシズムに反撃しないと」

　すると別の編集者が話に加わり、やはり興味深いことを言いました。「（セイジのコメントを読んでいて）ずっと気になっていたんだけど、外見だけじゃ他人のアイデンティティを判断できないのに、『女性に魅力を感じる』と言ったら、それはどういう意味になるの？　『男性に魅力を感じる』と言うときは？　すべてのアイデンティティ（ヘテロセクシュアリティ、ホモセクシュアリティなど）についても、スコリオセクシュアリティやセテロセクシュアリティの場合とまったく同じ厄介な問題が隠されているんじゃない？　とんでもなく複雑！」

　本当に、とんでもなく複雑です！　そしてこのスコリオとセテロの分析もとんでもなく長くなりました！　アイデンティティを表す言葉は、じつに複雑で、力強いものなのです。結局、私たちにできるのは、どの言葉を支持し、使うかを決めるとき、ベストを尽くすことです。情報を集め、学び、耳を傾け、偏見を捨てることが大切です。それができたら、自分の直感に従い、信念に基づいて行動すればいいのです。

　つぎの話題に進む前に、このラベルを名乗る人から話を聞きましょう。英語教師のダグラスはゲイの男性で、「スコリオ」を自認しています。彼はこの用語を使う理由をこんなふうに説明してくれました (注123)。

注123：ダグラスについてはこちらをご覧ください。http://bit.ly/2coROYA　https://twitter.com/book13worm

163 ｜ 第3章　性的アイデンティティと恋愛のアイデンティティ

ラベルは1つしか選べないわけじゃない

大学生のとき、友だちに対して言い表しようのない感情を抱いた。僕はゲイの男だから男にしか興味を持たないはずなのに、彼女は自分のことを男性とは思っていなかった。そんな感情を持った自分が恥ずかしくて。だって僕は、彼女の男性的なエネルギーに惹かれ、彼女の実際のアイデンティティを無視していたのだから。そんな経験は1度だけじゃなかった――トランスやノンバイナリーなジェンダー・アイデンティティの人に惹かれることが何度もあった。それらのアイデンティティがどんな意味なのかを知る前から。

2014年の終わりごろ、アシュリーがLGBT＋について解説する最初のビデオをYouTubeに投稿して、そこで「スコリオセクシュアル」の意味を説明していた。そのときは気にも留めなかったな――自分はまちがいなくゲイだと思っていたから。でもそれからしばらくして、ノンバイナリーな友だちができると、前と同じような感情が甦ってきた――今では恋愛的魅力だとはっきりわかる感情だ。その相手に性的に惹かれることはなくて、セックスしたいとは思わなかったけど、じゃれ合うとか、ロマンティックなことはしたくてたまらなかったんだ！　残念ながら、僕が見つけた「スコリオセクシュアル」の定義は排他的なものばかりだった――ノンバイナリーな人だけに魅力を感じること。でも自分が性的に惹かれるのが男性なのはまちがいない。それでも、自分が過去に何人かのトランスに対して抱いた感情も紛れもないもので、それを否定することはできなかった。幸い、ラベルは1つしか選べないわけじゃない――僕は自分がホモセクシュアルであると同時にスコリオセクシュアルでもあるんだと認識することだって可能なんだ。

ノンバイナリーな人に魅力を感じるものの、スコリオやセテロには微妙な問題があるから使いたくないという人は、こんな表現を検討してはどうでしょう。

> **ダイアモリック**（diamoric）：用法は主に2つ。個人のアイデンティティと関係性を表す。
> **個人のアイデンティティを表す場合**：ノンバイナリーな人が、自分自身のアイデンティティがノンバイナリーであり、なおかつノンバイナリーな人に惹かれることを強調するために使う識別名。

　この用語は、ノンバイナリーな人がこのような意味で使うことだけを想定している点に注意しなければいけません。
「ダイアモリック」と「スコリオまたはセテロ」の最大のちがいは、スコリオまたはセテロは性的指向であり、ダイアモリックは性的指向そのものではないところです。ダイアモリックは、ある人の性的指向と共に使われる、アイデンティティの表現なのです。

> **例** バイセクシュアルのジェンダーフルイドな人は、自分自身のノンバイナリーなアイデンティティと、ノンバイナリーな人に惹かれ、結びつきを感じることを強調するため、ダイアモリック・バイセクシュアルと名乗ることができる。デミガールのレズビアンは、自分自身のノンバイナリーなアイデンティティと、ノンバイナリーな人に惹かれ、結びつきを感じることを強調するため、ダイアモリック・レズビアンと名乗るかもしれない。

> **ダイアモリックが関係性を表す場合**：ダイアモリックな関係性とは、そこに含まれる少なくとも1人がノンバイナリーであることを意味する。

　この意味において、「ダイアモリック」という言葉を用いるのはノンバイナリーな人に限定されません。当事者の1人が二元論的ジェン

165 ｜ 第3章 性的アイデンティティと恋愛のアイデンティティ

ダーの持ち主であっても、ダイアモリックな関係と言うことができます。

> 例 仮に、先ほどコメントを寄せてくれたダグラスが将来ノンバイナリーな相手と関係を築くことになったとして、彼が望むなら、それをダイアモリックな関係と呼ぶことができる。

ダイアモリックという用語の由来に関心がある人のために説明すると、この用語がつくられたのは、「ゲイ」や「ストレート」といった広く用いられている識別名では、ノンバイナリーな人同士の、またはノンバイナリーな人を含む関係を正確に表せないと考えられたからです。ノンバイナリーなアイデンティティはきわめて多様であるため、まったく同じジェンダーを持つ人が2人も見つかることはめったにありません。そのため、「ゲイ」という用語だけでは、（ノンバイナリーのなかでもとくにノンバイナリーな相手に興味を持ち、惹かれる人について）実際の関係性を正確に表現できないのです。

また、ノンバイナリーにも多様なジェンダーがありますが、ちがうジェンダーが必ずしも「反対」だとはかぎりません。なかにはかなり似ているものもあります。そのため、「ストレート」もうまく当てはまらないことがあるのです。

「ダイアモリック（diamoric）」という言葉は、「通過する」、「離れる」、「全面的にまたは完全に」という意味のギリシャ語の接頭語「ダイア（dia）」と、「愛」を意味するラテン語「アモル（amor）」に由来します。つまり、「ダイアモリック」という言葉は、ジェンダー・スペクトラムを通過し、そこから離れ、それを完全に網羅するあらゆる愛と魅力、関係性を含んでいるのです。

このセクションはこれで終わりです。つぎはフルイドと呼ばれる感覚について学んでいきましょう。

魅力を感じる対象が変化する場合

多くの人にとって、性的魅力や恋愛的魅力は一定ではありません。私たちの指向は、生涯にわたって少しずつ変化することもあれば、ほんの数日のあいだに劇的に変化することもあります。変化が絶えず起きるか、ごくまれに起きるか、その中間くらいの頻度で起きるかは人によってもちがいます。じつに不思議なそうした流動性を表現するラベルを紹介します。

フルイド（fluid）：ある人が感じる魅力や指向がフルイド（流動的）であるとは、文字どおりそれらが変化するという意味。

どれくらい流動的であるかは、人によっても、状況によってもちがいます。

フルイドである感覚をたとえるなら、こんなふうに表現できるかもしれません。

- 大海[注124]。あなたが感じる魅力は強く、荒々しく、大きな波のように押しよせる。そしてあなたは、つねにしっかりと波動を感じる。

注124：水の流れのイメージでたとえてみます！

◆ 河。あなたが感じる魅力は、何百キロにもわたって真っ直ぐ、なだらかに流れていたのに、あるところで遮断され、突如として進路を変える[注125]。

◆ 湖に流れ込む小川。あるときは強く、とめどなく感じていた魅力が、流れついた場所で速度を落とし、ぴたりと止まる。

◆ 滝。フルイドな魅力は少しずつ、段階を経て変化するとはかぎらない。滝のように、ある水準やある種の魅力から、別の状態へと急激に変化するかもしれない。

アブロ（Abro-）／アブロセクシュアルまたはアブロロマンティック（abrosexual/romantic）：流動的な、または変化する指向を経験する人。

魅力を感じる強さだけでなく、魅力を感じる対象（男性、女性、ノンバイナリーな人、複数のジェンダーなど。もしくは誰にも感じないこともある）が変化することもあります。

アブロセクシュアリティまたはアブロロマンティシズム（abrosexuality/romanticism）は流動性（fluidity）の一種であると言えます。ただし、あえてこの表現を使う人たちは、「流動性」とのちがいを意識して使い分けています。「流動性」という言葉は、ある人の全般的な性的指向と、魅力を感じる具体的な対象の両方に用いられることがあるのに対して、「アブロ」は指向に重点を置いて用いられます。つまり、魅力を感じる相手や優先順位だけが変化する（例：「私は男性と女性が好きだけど、日によって優先順位が変わる」）のではなく、指向そのものが変化する（例：「アブロセクシュアルな人は、ストレートであると感じる日もあれば、パンセクシュアルと感じる日もある」）ということ。この指向を自認するローレンが経験を語ってくれたので紹介します[注126]。

注125：ミュージカル『ウィキッド』に登場する歌詞、「森を抜ける小川が途中で岩に出会うように」ではありませんが、自分ではどうすることもできません。
注126：ローレンについてはこちらをご覧ください。http://bit.ly/2bWpPel https://abro-girl.tumblr.com/

今日は「何」の日？

　私は10歳のころから、自分のセクシュアリティにどこか「奇妙な」ところがあると気づいていました。それがあんまりしょっちゅう変わるから、何が起きているのか一生わからないんじゃないかと、とても不安でした。

　悩んでいた時期はtumblr.にどっぷりはまっていました——それでたまたま、「アブロセクシュアリティ」に触れている数少ない「マスターポスト」を見つけたんです。つねに変化するセクシュアリティという考え方にすごく共感しました。私には「ゲイの日」や「ストレートの日」、「パンの日」、「エースの日」があり、そのほかにもいろんな感情を経験したけど、自分が奇妙なわけじゃないんだとすぐに納得できました（7年ものあいだ自分は変だと思ってきたのに）。じつは自分にもれっきとしたアイデンティティがあったんです。ほかの人たちとも共有できるアイデンティティが！

　今はこのアイデンティティに満足しているし、自分のセクシュアリティのすべてを受け入れています。何度か、反発されたことはあります。主にLGBTQIA＋のコミュニティ内から。

　たとえば、あるシスでゲイの男性から「アブロはただ、パンセクシュアルのかっこつけた言い方だろ」と言われたことがありました[注127]。だけど、そんなの気にしなかった。自分のラベルが見つかって、それを使えるのがすごく嬉しかったから。

注127：私が数年前にある人に自分の指向を説明していると、「パンセクシュアリティなんて、ただ単にバイセクシュアリティをもったいぶった包み紙でくるんだものでしょ」と言われたことがあります。自分の指向をただの「パンセクシュアルのかっこつけた言い方」と言われたというローレンの経験談を読んで、この記憶が甦りました。アイデンティティを表す言葉についての世論や部外者の意見が、時とともに変化するのを目の当たりにするのは興味深いものです。ローレンのエピソードでは、「パンセクシュアリティ」はもっと標準的で一般的な言葉として引き合いに出されていますが、たった数年前は意味も誤解され、まだまだ浸透していませんでした。私としては、ここから読み取れるのは、アイデンティティの名称や指向に関する世論や部外者の意見はつねに変化する、ということだと思います。しかし、ラベルが自分にぴったり合うかどうかを判断するとき、いちばん大切なのはそれを決める本人の考えです。

169 ｜ 第3章 性的アイデンティティと恋愛のアイデンティティ

〜フラックス（-flux）：指向について「フラックス」と言う場合、ある人が感じる魅力の量や強さが揺れ動くことを意味する接尾語の役割を果たす。ふつうは「フラックス」の前に接頭語を置き、どんなジェンダーのあいだで魅力が揺れ動くのか、より詳しい情報を伝える。

例 トライフラックスの人はつねに３つのジェンダーに惹かれつつも、その優先順位は揺れ動くかもしれない。

〜スパイク（-spike）：スパイクはフラックスに近い接尾語。これもまた、ある人が感じる魅力が揺れ動くことを示す。スパイクを自認する人の場合、魅力をまったく感じない（つまり、自分がアロマンティックまたはアロ、もしくはアセクシュアルまたはエースだと思う）状態にいることが多いが、あるとき突然、強い魅力を切実に感じる時期がやってくる。

例 アロスパイクは、恋愛的魅力をまったく感じない状態から、中程度から強い魅力を感じる状態に変化する。エーススパイクは、性的魅力をまったく感じなかったのに、あるとき突然、わずかな、あるいは強い魅力を感じる

ノボ（Novo-）／**ノボセクシュアルまたはノボロマンティック**（novosexual/romantic）：もともとジェンダーフルイドとマルチジェンダーの指向を表現する接頭語。ある時点で自分が経験しているジェンダーに基づいて感じる魅力が変わる。

例 ジェンダーフルイドでノボセクシュアルの人は、自分が女性のときはレズビアンと自認するが、自分がノンバイナリーなときはパンセクシュアルと自認するかもしれない。これは多くの性的指向のなかにアイデンティティに関する決めつけが含まれていることが一因になっている──たとえば、レズビアンは女性である、など。

このセクションはこれで終わりです。お疲れさまでした！　先に進む前に、これらのアイデンティティを学ぶことがなぜ大切なのか簡単に触れたいと思います。複数のジェンダーに魅力を感じることを理解するのが大切なのは、それらが誤って伝えられ、かき消され、疑いの眼差しにさらされることが多いからです。その結果、こうしたアイデンティティをめぐり、スティグマや嫌悪、疑念が生まれることになるのです。

　なかでも、「バイの存在否定（bi erasure）」や、バイの人たちへの不十分な描写はその典型的な例です。実際に、バイの人々はこんなことをいわれています。

- 「本当にバイなの？　本当に？　じゃあ、最後に男といいことしたのはいつ？」
- 「バイの男と寝たことはあるけど、デートは1度もない——バイっていうのは要するに、ただのやりたがりってこと」

- 「いいから男を選びなよ。その方が楽だし、前はそうしたろ。どうせ最後は1人とつき合うんだから」
- 「バイっていうのは、レズビアンが必ず経験する通過点って気がするの──待ってなさいよ、あなたも今にわかるから」
- 「女の子はみんなほかの女の子にちょっとした恋心を抱くもの。それがふつうなの。あなたはバイじゃない」
- 「でもこれまでガールフレンドがいただろ？　それに女の子にしょっちゅう夢中になってたじゃんか」「そうさ！　でも男にも何度も夢中になった！　現実から、目をそらしていただけなんだ」「いや、ちがうちがう。そんなのお前らしくねえよ」
- 「最近はどっち推しなの？」
- 「恋愛感情として女性に惹かれていないなら、そんなのバイとは呼べない」
- 「こちらは友だちのベン。ゲイなの」「正確には、バイセクシュアルなんだけどな」「まあ、おんなじことよね」

　こんなことを言われるたびに反論していたら、とても身が持ちませんよね。こんなふうに存在を拒否されているのはバイの人だけではなく、マルチセクシュアルやマルチロマンティックを自認する人も同じです。彼らの指向は存在を拒否されるだけじゃなく、それを取りまくたくさんのスティグマにも直面しています。

　私たちの文化は複数のジェンダーに魅力を感じることを、過剰な性欲、倒錯、不貞、セックス中毒、目立ちたがり屋、目移りといった、さまざまな否定的な特徴と結びつけたがります。このようなスティグマのせいで、大勢の人たちがカミングアウトできず、自分の指向を恥ずかしく思ってしまっているのは本当に残念なことです。人は誰でも、ありのままの自分に満足し、誇りを持つに値するのですから。

　忘れてはならないのは、これらのアイデンティティはすべて正当であり、ステレオタイプにはめこんではならないということ。私たちがより多くを学んで受け入れることが、先ほど紹介した考えや発言にみられる危険な感情を減らしていくことにつながるのです。

172

魅力をほとんど、もしくはまったく感じない場合

このセクションでは、性的魅力や恋愛的魅力をほとんど、もしくはまったく感じない人について考えていきます。私は本書で取りあげるテーマのなかで「スペクトラム」がお気に入りだと言いましたが、じつはお気に入りがもう1つあります。私にとって、エースとアロもかなり特別なものなのです。というのも、このコミュニティには私が個人的に仲良くしている友だちがたくさんいるから。彼らの多様性と深い人間理解は、とても魅力的で、美しいものです。

アセクシュアル（asexual）：他人に対して性的魅力をほとんど、もしくはまったく感じない人。また、そのようなアイデンティティを持つ人の総称としても用いられる。

エース（ace）：つぎの2つの意味で用いられる。
- アセクシュアルのスペクトラム上にあるすべてのアイデンティティの総称。
- アセクシュアルの略語。

私が大好きなLGBTQIA+のユーチューバーのアメリアは、彼女にとってアセクシュアルであることがどんなものか、こう語っています[注128]。

「大人になったらこうなる」は全部嘘だ

自分がアセクシュアルだと自覚することは、「大人になったらこうなる」と教えられてきたことが全部嘘だったと告げられるのと少

注128：アメリアについてはこちらをご覧ください。http://bit.ly/1R3f35K　https://www.youtube.com/channel/UCHAv1g2JODsrkUKfHh1nAwQ

173 ｜ 第3章　性的アイデンティティと恋愛のアイデンティティ

し似ていました。つまり、私の場合は、大人になってもドラマの「フレンズ」(注129)みたいなことは起きないんだって気づいたんです。自分のアセクシュアリティを探求し始めるまでは、誰もがドラマの主人公みたいなセックスライフを送るようになるんだとずっと思っていたのに。ちょっとしたじゃれいあいが大きな恋へとふくらみ、まだ見ぬ男性か女性の胸に飛び込み、セックスに発展しそうな予感がして、それを強く望むようになる。アセクシュアリティはそんな光景を複雑なものにしました。

アセクシュアルであるということは、性教育で教わる欲求とか衝動を感じないんです。性的魅力を感じなければ、セックスありきの私たちの文化からほとんど締めだされてしまいます。アセクシュアルであれば、セックスとの関係は複雑になり、おそらく友だちと同じようなセックスライフは成り立たないでしょう。私にとっては、受け入れるのが難しいことでした。

そうは言っても、アセクシュアルであることは、いいことの方がはるかに多いです。アセクシュアルのコミュニティはクリエイティ

注129：アメリカで1994年から放送され、全世界でヒットを記録したTVドラマシリーズ。NYに住む男女6人が織りなす恋愛をコメディタッチで描いた。

ブな人たちであふれているし、私はアセクシュアリティをとおして、人間のセクシュアリティについて幅広く学んできました。自分の性的指向を表現する言葉を得たことで、前より自信がついたし、気持ちも楽になりました。それに、ジェンダー表現や恋愛の指向といった自分のアイデンティティのほかの部分も、もっと積極的に探求したくなりました。おかしく聞こえるかもしれませんが、私はアセクシュアルであることを気に入っています。少しも変えたいとは思いません。

アロマンティック（aromantic）：他人に対して恋愛対象としての魅力をほとんど、もしくはまったく感じない人。また、そのようなアイデンティティを持つ人の総称としても用いられる。

アロ（aro）：つぎの2つの意味で用いられる。
- アロマンティックのスペクトラム上にあるすべてのアイデンティティの総称。
- アロマンティックの略語。

ここで、性的指向と恋愛の指向は必ずしも結びつかないことを思い出してください。あらためて念を押したのは、アロじゃなくてもエースになれるし、その反対もあることをしっかりと理解してもらいたいから。人によっては、これらの指向はつながっていますが、まったく別であることもあります。

それから、「性的欲求や恋愛感情がない状態」は「愛がない状態」とはちがいます。その例として、ジョーナに彼自身のアロマンティシズムについて語ってもらいましょう[注130]。

注130：ジョーナについてはこちらをご覧ください。http://bit.ly/2ce1gdv https://www.youtube.com/c/youngblossom

恋愛感情を持たないからといって
すべての魅力を感じないわけじゃない

 これまでの経験からいえば、「アロマンティック」という言葉を口にすると、ほとんどの人が、愛情を表現できなかったり、人間関係を結べなかったりする冷たい人間をまずは思い浮かべます。アロマンティシズムが実際にはどんなものなのか、否定的なステレオタイプや誤った情報が氾濫しているなかで、正しい知識を得るのはとても難しいでしょう。私にとって、アロマンティックであるということは、恋愛感情としての魅力を感じないという意味です。

 だからといって、美的魅力やプラトニックな魅力(注131)など、ほかのタイプの魅力まで感じないということにはなりません。それに恋愛はできなくても、家族愛など、ほかのかたちの愛であふれる大きなハートを持っています。

 何年かは、自分がアロマンティックなわけがないと信じていまし

注131:美的魅力とプラトニックな魅力については146ページの注釈をご覧ください。

た。一緒に過ごす相手が欲しいという気持ちがあるのはたしかで、それは恋愛関係がなければ成り立たないはずだと。思い込みのせいで、プラトニックな魅力や美的魅力がぼやけてしまい、すべてをはっきりさせることが難しくなっていたんです。

それが「もしかするとアロマンティックかも……」というタイトルのブログ記事に出合い、ようやく頭のなかですべてがピタッとくるようになりました。それまでアロマンティシズムについて抱いていた否定的なステレオタイプや、誤った情報がぜんぶ消え去り、完全に理解できるようになった。自分をアロマンティックだと認識し、受け入れられたことは、とてつもない解放感をもたらしてくれました。

さて、もしかするとみなさんは、性的魅力や恋愛的魅力をはっきりと感じている人を表すラベルはあるのだろうかと思っているかもしれませんね。もちろん、あります！

ゼッド（Zed-）、**アロ**（Allo-）／**ゼッドセクシュアルまたはゼッドロマンティック**（zedsexual/romantic）、**もしくはアロセクシュアルまたはアロロマンティック**（allosexual/romantic）：性的魅力や恋愛的魅力を感じる人、つまりエースやアロ（aro）ではない人。

エース／アロ（aro）とゼッド／アロ（allo）のあいだにもいくつかのアイデンティティがあるので見てみましょう。

177 ｜ 第3章 性的アイデンティティと恋愛のアイデンティティ

グレー（Gray-）／グレーセクシュアルまたはグレーロマンティック（graysexual/romantic）[注132]：これにはつぎのような人々が含まれる。

◆ 魅力をごくわずかしか感じない人。

◆ 魅力をめったに感じないか、もしくは特定の条件のもとでしか感じない人。

◆ 自分が魅力を感じるのかどうかはっきりとわからない人。

　グレーセクシュアル（グレー・アセクシュアル）というのはどういう感覚なのか、エリが自身の経験を語ってくれました[注133]。

性的魅力を感じたのは、
強い感情的な結びつきができたときだけ

　私の名前はエリ。グレー・アセクシュアルを自認しています。私にとって、この用語は本当にめったに性的魅力を感じないという意味です。子どものころ、性的魅力について初めて知ったときのことを覚えています。ほかの幼い子どもと同じように、ショックを受け、戸惑いました。そんなことは絶対にしたくない、と思ったのをはっきり覚えています。ぜんぜん関心が持てませんでした。でも、そういう感覚は大人になるにつれて変わるだろうと思っていました。まわりの人からいつもそう言われていたからです。

　自分はアセクシュアルなんだろうかと初めて疑問を抱いたのは、母と話していたときのこと。私はかかりつけの医師のところで年に1度の健康診断を受け、母からいつものように、まだ経験はないのかと聞かれました。私は悩んでいたので、どうしても興味が持てないから、その質問に対して「イエス」と答える日は来ないと思うと

注132：ほかの綴りやスラング表現も多数あります。たとえば、gray asexual/gray-a/grace/gray ace and gray aromantic/grayroなど。

注133：エリについてはこちらをご覧ください。http://bit.ly/2chC7lh https://www.youtube.com/channel/UC5U3dF_x7ZOo5tgLFWPBj6g

言いました。母は「まだ若いから、そのうち変わるわよ」と言いましたが、私はすぐにこう言い返しました。「でも、変わらなかったら？　私はアセクシュアルかもしれないじゃない！」母は私の考えを笑い飛ばしましたが、思いは変わりませんでした。

　性的魅力を感じたのはたった2、3度くらいなので、「グレー・アセクシュアル」というラベルを自認しています。性的魅力を感じたのは、ある人とのあいだに強い感情的な結びつきができたとき。まったく知らない人や、知り合ったばかりの人にそういう感覚を抱くことはありません。ときどき、自分自身のアイデンティティを理解して説明するのが難しいと感じるけど、それはグレーで不確かな領域がたくさんあるから。同時に、私がグレー・アセクシュアルなことを気に入っている理由はまさにそこにあります。つまり、不確かだということ。相手や自分の状態によって、本当に大切に思う人に対してさまざまなことを感じられるのはクールだと思います。いつも冒険をしているみたいです。

デミセクシュアルまたはデミロマンティック（demisexual/romantic）：もっとも一般的な定義は、強い感情的なきずなができた相手に対してのみ魅力を感じる人^(注134)。

　このラベルについては、人気のユーチューバーでトランス、そして才能あふれるミュージシャンのジェフ・ミラーに語ってもらいましょう^(注135)。

注134：ただし、デミセクシュアリティまたはデミロマンティシズムは、感じる性的魅力または恋愛的魅力がただかぎられていることを意味すると考える人もいる。
注135：ジェフについてはこちらをご覧ください。http://bit.ly/2c3glEf　https://www.youtube.com/user/WhoITrulyAm

僕は異常なんかじゃなかった

　自分にとってデミセクシュアルとデミロマンティックであることは、深い感情的なきずなができるまで、他人に性的魅力や恋愛的魅力を感じないという意味。

　すごく長いあいだ、自分は友だちやまわりの人のように誰かに魅力を感じないから、異常なんじゃないかと心配だった。もっと若いころから、みんなが誰かに熱を上げるのが理解できなくて、取り残された気分だった。彼らが話していることや、感じていることがいったい何なのか知りたかった。人によっては、まったく知らない相手にも、それほど深くは知らない人にも恋をすることがあるけど、ふつうは相手をもっとよく知るまではそういう感情を表に出さないようにするらしい。

　僕の場合は、深い感情的なきずなができるまで、そういう魅力を感じることはまったくない。意識してそうしてるわけじゃなくて、自分のなかでつながりが生まれるまでは、とにかく魅力は感じない。これまでの人生で、性的魅力を感じた相手は片手で数えられるほどだし、恋愛感情として惹かれた相手の数も両手で数えられる。これはほかの人とはちがうところだと思う。

はっきりとわかっているのは、これらのアイデンティティについて知ったとき、自分のなかで何かがしっくりきたということ。自分のことを説明してくれる言葉が見つかったのだから僕は異常じゃないし、それほど孤独じゃないと安心できたんだ。

クワ（Quo-）／クワセクシュアルまたはクワロマンティック（quosexual/romantic）、**もしくはWTFロマンティック**（WTFromantic）[注136]：このアイデンティティの一般的定義にはつぎのようなものがある。

◆ 自分が感じる魅力のちがいを区別できない人。
例 「私は恋愛感情としてあなたに惹かれているの？……でもただプラトニックかもしれないし……あぁ、友だちになりたいのか、ガールフレンドになりたいのかわからない」
◆ 自分が魅力を感じているのかわからない人。
例 「これが誰かに性的に魅力を感じているってこと？　そうなの？　……いや、ちがうような」
◆ 恋愛的魅力や性的魅力は自分に関係がないと思う人。
例 「自分がどんな魅力を感じているのかわからないんじゃなくて、私はこれまでの経験からして、性的魅力や恋愛的魅力にまったく共感できないの」

　こうしたアイデンティティが実際にどのようなものなのか、私の友だちのカイはつぎのように説明します[注137]。

注136：WTFは、「what the fuck」の略。「何だこれ！」のような驚きを伴うニュアンス。
注137：カイについてはこちらをご覧ください。http://bit.ly/2cxDxWr https://www.youtube.com/c/kaihugstrees

181 ｜ 第3章　性的アイデンティティと恋愛のアイデンティティ

わからないものを、わからないままに

　私がクワロマンティック（またはWTFロマンティック）を自認しているのは、何年たっても自分の恋愛の指向がわからないから。子どものころはディズニー映画みたいなとびきり甘いロマンスが大好きだったけど、ほかのみんなが誰かに恋をするようになると、戸惑いと疎外感を覚えるばかりだった。

　初めての「恋」は、あるときまわりの友だちがみんな恋に落ちた大人気の男の子。ただし、みんなが恋に落ちたときから2年もしてからのことでした。私は自分の気持ちに従うことにして、休み時間に遊ぼうよと誘いました。すると彼がスパイごっこをしようと言うので、すごくいいアイディアだと思ったのに、言いつけられたのは、彼がある女の子と両思いかどうかを探るという任務。でもすごく不思議なことに、嫉妬もしなかったし、がっかりもしなかった。ただ退屈でたまらないと思っただけで、つぎの日にはほかの遊び相手を見つけていたんです。

　これまでの人生で、好きになった人は5人くらいいるけど、ほとんどは同じような結果になりました。その人たちと何かするわけでもなく、親しい友だちになりたいだけだった。すると、そもそも、

彼らのことを本当に好きだったのではなく、恋愛をしたいって気持ちを満たそうとしていただけなのかもしれない、と思うようになりました。

アセクシュアリティについては、高校の最終学年のとき、ちょうど自分の恋愛の指向について疑問を持ち始めた時期に知りました。私は自分がアセクシュアルだとすぐに気がつきましたが、アロマンティック（aromantic）はどうもしっくりきませんでした。

私は誰かと恋愛関係になることに興味があるのはまちがいないのに、自分が恋愛的魅力を感じるかや、それがどんなことを意味するのかさえわからなかった。さまざまなアロスペック（arospec＝アロマンティックのスペクトラム）のアイデンティティについて調べてみると、「WTFロマンティック」という言葉と、それを自認するたくさんの人たちに出会ったのです。ときどき混乱することもあるけど、似たような感覚を持つ人たちとつながれたことは、大きな救いでした。

エースやアロ（aro）のアイデンティティのなかには、スペクトラムの複数の場所に位置するだけでなく、揺れ動いたり、変化したりするものもあります。その例として、つぎのようなものがあります。

エースフラックスまたはアロフラックス（ace/aroflux）：この指向ともっともよく結びつけられる定義は2つ。

◆ つねにエースのスペクトラム内にあり、そのなかで揺れ動く指向。

例 ある日はデミセクシュアルと感じ、別の日には完全にアセクシュアルだと感じることがある。

◆ 魅力をかなり感じる状態とある程度感じる状態、まったく感じない状態のあいだを揺れ動く指向。

アセクシュアルとアロマンティックのセクションはこれで終わりです。先に進む前に、このタイプが一般の人々からだけでなく、コミュ

ニティ内でもとくに軽視され、誤解されていることが多いという事実に少し光を当て、みなさんにも実感してもらいたいと思います。最後につぎのことをしたのはいつか、思い出してください。

- ◆ テレビ番組でグレーセクシュアルの登場人物を見かけた。
- ◆ アロマンティックの人が登場する本を読んだ。
- ◆ ストレートの友人とLGBTQIA＋をめぐる議論を交わし、アイデンティティのタイプとしてアセクシュアリティやアロマンティシズムの定義を説明した。

あなたはきっと、こんなふうに答えるでしょう。

- ◆ 「テレビでグレーの登場人物を見た覚えはまったくない」
- ◆ 「アロマンティックの登場人物？　そんなのいるの？」
- ◆ 「いつだったか、アセクシュアルの友だちがその話をしてたっけ」
- ◆ 「……すっかり忘れてた」

残念ながらこれほど影が薄いせいで、エースやアロの人たちはいつも辛い目にあっています。具体的には、こんなふうに。

- ◆ 存在そのものを疑われる。
- 例 「ふーん、アセクシュアルは選択の問題でしょ……自分にふさわしいパートナーに出会っていないだけじゃないの？」
- ◆ LGBTQIA＋の当事者が、会話や空間からエースやアロを排除する。
- 例 「これはクィアが集まるグループです……あなたは人間関係を深められないだけで、基本的にストレートでしょ」
- ◆ セックスや恋愛への関心がきわめて高い社会において、自分は欠陥があるか、不完全な存在だと感じる。
- 例 「ほら、認めろよ。誰かしらセクシーだと思う女がいるだろ！　それが人間ってもんだ！　そんなふうにDNAに組み込まれてるんだから！」

◆ 矯正治療をすすめられる。

例 「私のいとこもアセクシュアルだったけど、ホルモン療法で治ったの。あなたもやってみたら？　それか心理療法はどう？」

◆ 立ち入った質問をされる。

例 「それはつまり、セックスしたことないの？……その、マスターベーションも？」

◆ ふしだらだと侮辱される。冷酷、上品ぶっている、他人への感情がないと非難される。

例 「アロマンティックって、つまり恋はしないのにセックスだけしたいってこと？　そんなの血も涙もないセックス中毒のモンスターよ。非人間的だわ！」

◆ メディアで話題になることがほとんどない。

例 「アセクシュアルとかアロマンティックの連中にどうして注目する必要があるんだ？　彼らはただ、セックスしないか、恋人がいないってだけだろ」

エースやアロを自認する多くの人が、日々フラストレーションに苦しんでいます。彼らは、自分たちのアイデンティティをもっと知ってもらい、受け入れられたいと願っています[注138]。私はそれが大それた望みだとは思いません。

エースとアロの人は実際に存在するし、アイデンティティを主張する権利があります。LGBTQIA+のコミュニティは彼らを受け入れるべきでしょう。また、すべての人がエースやアロの指向について理解を深めるべきときが来ています。このセクションでは基本知識の説明にとどめていますが、エースとアロを大きく取り上げて本書の続編を執筆することも計画しています。

注138：これについて詳しく知りたい人は、クリスティン・ルッソのビデオ（https://www.youtube.com/watch?v=dxwya5nux1E）がこの問題を扱い、アセクシュアリティについてのすばらしい情報を提供しているのでご覧ください。

185　｜　第3章　性的アイデンティティと恋愛のアイデンティティ

そのほかのアイデンティティについて

　性的多様性と恋愛の多様性をめぐる旅は終わりに近づいています。締めくくりとして、8つのアイデンティティを紹介します。これらの用語や指向は、本書のほかのセクションで扱う範囲から逸れるものです。いくつかはジェンダーよりも、個性や外見的な印象などに重きを置いています。

> **クィア**（queer）：シスジェンダーまたはヘテロではないあらゆるアイデンティティを表す用語。

　これはとくに存在感があり、多くの意味を含むラベルです。このラベルを使うかどうかは好き嫌いが別れるので、その理由を調べて、表にまとめてみました。

クィアを使う	クィアを使わない
「クィア」を名乗るのは、勇気がみなぎる経験につながる。「クィア」というラベルをすすんで用いることで、かつてこの言葉に込められた悪意を取り去れるような気がする。	この言葉は長らく、LGBTQIA＋を侮辱する言葉だった。コミュニティ内では最近になってクィアを名乗る人が増えたが、いまだに忌まわしい歴史を思い出し、不愉快に感じる人もいる。
このラベルが持っている曖昧さや流動性が気に入っている。	個人的に抵抗はないが、他人を不快にするかもしれない。誰かが苦い記憶や感情を思い出さないようにできるなら、「クィア」を使わないのはたいした犠牲ではない。
単純に、短くて簡単に使える言葉なので気に入っている。	
「クィア」がもっとも包括的な総称の1つだということを評価している。1つの名称でLGBTQIA＋の人々をまとめつつ、ほかのラベルを自由に名乗る余地を残している。	「クィア」は非常に排他的だと感じる人がいる。というのも、それがLGBTQIA＋のコミュニティを表す総称として用いられるたびに、「クィア」を名乗らない人を疎外することになるから。
「クィア」には、ほかのラベルよりも政治色が濃く表れることがある。そのため、自分たちの政治的、社会的目標を表現できる。	「クィア」からときに連想される政治的で過激なニュアンスを好まない。

私としては、「クィア」にはかなり強い愛着があり、それを名乗るためならどんな口実でも大歓迎です。

　私は、長いあいだこのラベルを恐れていました。この言葉の長く痛ましい歴史を考えないことのほうが難しく、自分に使う資格があるのだろうかとしばらく悩んでいました。自分はコミュニティに十分に参加できているのか、カミングアウトしてからの期間は足りているのか、「れっきとしたゲイ」と言えるのか？

　このラベルをついに使い始めたとき、私は多くの人と同じように力強さと解放感を味わいました。そしていつしか夢中になり、ほとんどこの言葉ばかり使うようになったのです。

　私は他人の説明をするときまでクィアを使うようになりましたが、相手の許可は取っていませんでした。誰もが適切な言葉だと思っているわけではないと知ってからも、しばらく使い続けていました。じつは本書の執筆を始めたときでさえ、「クィア」と「LGBTQIA+」を区別せずに使っていました。人によっては不愉快で、嫌なことを思い出させる言葉だと知っていたのに、身勝手な愛着から、使うのをなかなか止められなかったのです。

　それから数カ月ほどよく考えてみて、誰もが穏やかな気持ちで、コミュニティの一員だと思えるように、コミュニティ全体を指す場合も含めて、他人を表現するのに「クィア」を使うのはあきらめることにしました。

　ただし、自分のことはこれからもずっとクィアと呼ぶつもりです。これは自分を表す大好きな名称だし、私が自分のセクシュアリティとジェンダーについて感じるあらゆることを表しているから。しかもこの言葉を使うと、たまらなく誇らしい気持ちになるのです！

187 ｜ 第3章　性的アイデンティティと恋愛のアイデンティティ

> **レシップ（Recip-）／レシップセクシュアリティまたはレシッ
> プロマンティシズム**（recipsexuality/romanticism）：相手が自分
> に魅力を感じていることがわかったときのみ、他人に魅力を
> 感じること。
>
> **例** あなたがレシップロマンティックだとすれば、あなたに恋
> をしているとわかった相手に恋心を抱く可能性がある。
>
> **オート（Auto-）／オートセクシュアリティまたはオートロマ
> ンティシズム**（autosexuality/romanticism）：言葉の意味は文字ど
> おり「自分自身に魅力を感じること」だが、代表的な解釈は
> 以下のとおり。
> ◆ 自分自身から性的魅力または恋愛的魅力を引き出せること。
> ◆ 他人との性的行為は望まないが、自分自身と性的に親密に
> なるのは好むこと（つまりマスターベーションは好む）。

これは、自己中心的な考え方や自己陶酔と誤解されやすいですが、オートセクシュアルやオートロマンティックの人が自分自身に対して感じる魅力は、深い内省や自己への愛から生じていることがめずらしくありません。こうした人のなかには、自分自身とつき合う人さえいます。

こうした行動や欲求は、ほかのいくつかのアイデンティティや指向にも分類することができ、オートセクシュアリティやオートロマンティシズムにかぎられるものではありません。あらゆるラベルと同じく、仮にこれが自分を言い表しているとしても、しっくりこないならば使うべきではないでしょう。

アンドロ（Andro-）／アンドロジーンセクシュアルまたはアンドロジーンロマンティック（androgynesexual/romantic）：アンドロジーンに魅力を感じる人[注139]。

クエッショニング（questioning）：自分の性的指向や恋愛の指向、またはジェンダー・アイデンティティが不確かであること。

クエッショニングの人々は、自分のアイデンティティを探しているところか、知らなくてもかまわないと思っています。クエッショニングの期間は、短いこともあれば、一生涯にわたったりとさまざまです[注140]。

ウーマ（Woma-）、ガイネ（Gyne-）／ウーマセクシュアリティまたはウーマロマンティシズム（womasexuality/romanticism）、もしくはガイネセクシュアリティまたはガイネロマンティシズム（gynesexuality/romanticism）：女性や女らしさに魅力を感じること。

例 主に女性に魅力を感じるバイジェンダーの人は、自分をウーマセクシュアルまたはガイネセクシュアルであると考えているかもしれない。

もともとノンバイナリーな人のためにつくられた用語。「レズビアン」や「ストレート」とはちがって、当人のジェンダーについて誤っ

注139：「こんなの前に出てきた？」と戸惑っている方がいるかもしれませんが、「アンドロジーン」と「アンドロジナス」という言葉については121ページから126ページにかけて、ジェンダーと表現との関連で検討しました。ただし、アンドロジーンセクシュアリティとアンドロジーンロマンティシズムは、ジェンダーや表現ではなく指向になります。
注140：実際に、私は性とジェンダーの多様性をテーマにした本を出版したのに、相変わらずほとんど毎日のように自分のアイデンティティについて細かい疑問を抱いています。

189 | 第3章 性的アイデンティティと恋愛のアイデンティティ

た情報を暗示しないため、多くの人から好まれるラベルです。

注意すべき点は以下のとおり。

◆ ガイネセクシュアルは、ほかでもない女性器に対する関心を表す
ために用いられることが多い。このラベルを名乗る人がそう意図
しているわけではないかもしれないが、多くの人は「ガイネ」と
いう接頭語が生殖器と強く結びついていると感じている。そのた
め、この用語はトランス女性を排除するものだという批判がある。
◆ そこでより包括的な表現をつくろうとして生まれたのが「ウー
マ」である。

マ（Ma-）、アンドロ（Andro-）／マセクシュアリティまたはマ
ロマンティシズム（masexuality/romanticism）、もしくはアンド
ロセクシュアリティまたはアンドロロマンティシズム（andro
sexuality/romanticism）：男性や男らしさに魅力を感じること。

これらもノンバイナリーな人のためにつくられた用語です。ノンバ
イナリーな人のなかには、「ゲイ」や「ストレート」といったすでに
あるモノセクシュアルのラベルには、当人のジェンダーについて不正
確な情報が暗に含まれていると考える人がいます。

注意すべき点は「ガイネ」とほぼ同様で、「女性」を「男性」に置
き換えてみてください。

みなさんがこうしたアイデンティティの人に会ったことがないとす
れば、今日はついています！ ここでジョッシュに登場してもらって、
「アンドロセクシュアル」がどうして彼のお気に入りのラベルなのか
教えてもらいましょう[注141]。

注141：ジョッシュについてはこちらをご覧ください。http://bit.ly/2bWt8C4　https://
www.youtube.com/themadhouseofficial

複雑さや繊細さを認める言葉として

　やあ、ジョッシュといいます。20歳の作家です。アンドロセクシュアルでもあります。『スター・ウォーズ』のC-3POみたいなアンドロイドが好きっていう意味じゃありませんよ（映画『ロボッツ』のロビン・ウィリアムズの嬉々とした生命力は感動的で、心があたたまるけど）。

　アンドロセクシュアルというのは、男性に魅力を感じるという意味です。私が仮にまだ男性を自認していたら、おそらく熱烈なホモセクシュアルということになりそうだけど、それは私が知っているいちばん正確なラベルからはかけ離れています。もしもみなさんがアジェンダーかジェンダーフルイド、あるいは二元論的なジェンダー以外の何者かであるなら、「ホモセクシュアル」はまるでしっくりきませんよね。それどころか、ひどく抑圧的なものにさえなりかねません——サイズの合わないジャンパーや、小さすぎる制服みたいに。

　また、男性に惹かれると言いましたが、それは嘘じゃないけど、完全に正しいわけでもありません。私が強い魅力を感じるのは男らしさであり、それは男性、女性、ノンバイナリー、トランスなど、外性器の有無を問わず、誰にでもあり得る特徴です。「ホモセクシュアル」や「ゲイ」ではなく「アンドロセクシュアル」を選ぶことで、自分はジェンダーやセクシュアリティの複雑さと、それがかつ

て思っていたよりも繊細なものなんだと認めている気持ちになります。私はいつも、このことを忘れないようにしたいんです。

私はアンドロとマ、それにガイネとウーマを、「1つのジェンダーに対して感じる魅力」と「複数のジェンダーに対して感じる魅力」のどちらに分類すべきかわかりませんでした。この分類は個人が感じる魅力の範囲の広さによってちがってくるため、難しい問題です。たとえば、ある人がマセクシュアルかアンドロセクシュアルで男性だけに惹かれるとしたら、その人はおそらく、自分は「モノセクシュアル」だと思うでしょう。でも、単に男らしさに惹かれるマセクシュアルやアンドロセクシュアルなら、男らしい男性や男らしい女性、男らしいノンバイナリーな人、その他男らしさを備えたあらゆる人に惹かれる可能性があるととらえ、マルチセクシュアルの仲間に入るかもしれません。結局のところ、どの区分になるかは（そもそも区分があればですが）、これらのラベルを名乗る本人の感覚次第ということになります[注142]。

セイム・ジェンダー・ラビング（same gender loving）**または SGL**：黒人のLGBTQIA＋を指すアイデンティティ。

このアイデンティティは、1990年代にLGBTQIA＋のコミュニティに黒人の文化や歴史、存在を取り込み、支持しようという努力から生まれました。

マーキスは自分を「セイム・ジェンダー・ラビング」と表現する理由をこう説明します。

注142：みなさんはお気づきだと思いますが、本書ではこれらのアイデンティティの多くが不安定なほど複雑だということを繰り返し強調しています。アイデンティティを定義して体系化することは、「唯一の正しい方法」がない難しい取り組みです。

より立場の弱いアイデンティティをも包抱する言葉を

　ふだんはゲイ男性だと名乗っているけど、「セイム・ジェンダー・ラビング」という総称は高く評価しています。じつはLGBTQIA＋のコミュニティでは、コミュニティ全体の話をしているときでもゲイばかりに焦点を絞り、それ以外の人たち（たとえばバイとかパンとかエースなど）を考慮しないことがしょっちゅうある。だから僕は、クィアとかSGLのような総称を好んでいます。もっと包括的だから。

　それから、「ゲイ」という言葉にはさらに立場の弱いアイデンティティを過小評価する歴史があり、その点を考慮してSGLを名乗っている人たちもいます。そういう歴史をふまえるとSGLの方が心地よく感じられるということは、僕にもよく理解できます。

　自分にとって、SGLであることは、興味深いけど複雑でもある。自分のホモセクシュアリティを世の中から切り離して考えることはできない。でも、そのアイデンティティが、黒人のシス男性という

自分の立場とどう交わるのかということも考えないといけない。従来は、人はいくつもの役割をこなすべきだと考えられてきたけど、誰かとはちがう唯一無二の役割を担うことはさらに大事だと信じてます。僕は黒人の解放と権利拡大を唱える活動に力を入れていますが、その取り組みのなかで、SGLとしてのアイデンティティが尊重され、考慮されるように気を配ることも欠かせません。

これは、僕がクィアもしくはLGBTQIA＋のコミュニティでの進む道を複雑なものにしています。そこでよく取り上げられる話や経験は、白人のシス（とくに男性）ばかりだから。それが「ふつうの状態」だと考えられているんです。だから、黒人社会においてゲイ男性としての自分というものが尊重され、保証されることを目指すだけじゃなく、SGLの空間でも同じ努力をする必要があるんです（残念ながら、うまくいかないことが多いのですが）。

僕の個人的な目標は、黒人、クィア、トランスの人々の経験を周縁から中心へと移すこと。そこがいちばん安全で心地よく、自信を得られる場所だから。

みなさん、自分を褒めてください。みなさんはこれまでに80もの多彩なアイデンティティについて、膨大な量の情報を吸収してきました！　きっと圧倒されるような量だったと思いますから、ここで少し気持ちを楽にして、自分と向き合うことにしましょう。

これまで学んできたことを振り返り、自己分析をするために、こう

問いかけてください。この本で驚くような言葉に出合ったか？　自分で使ってみたいと思う言葉は見つかったか？　自分には絶対に当てはまらないと思う言葉はあったか？　あなたがまだ自分を理解しようとしているところなら、ペンを取ってつぎの質問に対する答えを書き出すことをおすすめします。

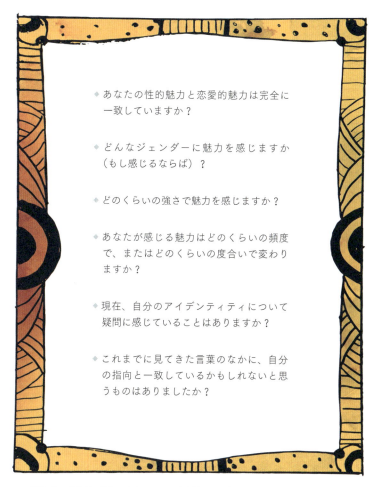

- あなたの性的魅力と恋愛的魅力は完全に一致していますか？

- どんなジェンダーに魅力を感じますか（もし感じるならば）？

- どのくらいの強さで魅力を感じますか？

- あなたが感じる魅力はどのくらいの頻度で、またはどのくらいの度合いで変わりますか？

- 現在、自分のアイデンティティについて疑問に感じていることはありますか？

- これまでに見てきた言葉のなかに、自分の指向と一致しているかもしれないと思うものはありましたか？

おわりに：終わりのない冒険に向けて

　正直なところ、「おわりに」を書くのは気が進みません。なぜなら、この本のために情報を集め、執筆し、調査し、書き直し、編集しては書き直し、事実確認をしてはまた書き直し、という作業が終わってしまうのですから。

　今は2016年8月28日、午後11時42分。担当編集者への最終原稿の提出を目前に控え、不安な気持ちでいっぱいです。完璧というにはほど遠い内容ですが、とにかく心を落ち着かせて、完璧なんてあり得ないんだとあきらめなくてはいけませんね。性的アイデンティティとジェンダー・アイデンティティは、本書のような企画が「申し分ないもの」になるには、あまりにも速いスピードで変化しています。

　でも、それは深刻な問題ではありません。それどころか、じつはすばらしいことです。他人の存在を認め、受け入れるための言葉が絶えず生み出されているのですから。新しいアイデンティティが生まれると、やがてすでにある言葉が一般的で心地よいものになるように変化し、調整されていきます。これも喜ばしいことです。私たちは進歩しているということですから。ジェンダーや性の多様性について学ぶことは終わりのない冒険であり、胸が高鳴るような経験なのです。

　本書の類いまれな編集者の1人、クリスティン・ロッソは、この「おわりに」を読んで、つぎの疑問に答えなければいけないのでは、と言いました——状況がつねに変化しているのに、どうして本を書くのか？　たしかに、まったくそのとおりです。もしかすると、本書は数年で時代遅れになるか、的外れになるかもしれません。それでも、本書が何かしらためになる知識を提供できるか、自分のアイデンティティが妥当なものなのか知りたいと切実に願う人にとって、何らかの手助けになったなら、私の努力は報われたと言えます。

　また、本書が議論を巻き起こすとすれば、それもすばらしいことです。私の説明に疑問を感じ、もっとうまい説明はないかと模索する人が現れるかもしれません。そうなれば、さらに深い分析と会話が生まれ、結果的に、さらに包括的で優れた定義が生み出されるでしょう。私としては、本書がアイデンティティの最終的な説明を導く足掛かり

になるだけでも幸せです。

　こうして膨大な量の情報を吸収したいま、その情報で何をすべきか考えてみましょう。ひと言で表現するなら、ベストを尽くす、ということです。私はたくさんの用語を初めて耳にしたときのことを覚えています。どれも簡単に理解して記憶に留め、日々の会話で役立ったと言えればいいのですが、そうはいきませんでした。新しい知識を得るには、ひどく混乱することが何度もありました。いくつかのラベルや概念については、意味を正しく理解するのに何週間も、何カ月も、あるいは何年もかかることさえあります。

　いま、みなさんが圧倒され、混乱し、忘れたり、まちがえたりするかもしれないと不安を感じているか、またはずっとそう感じてきたとしても無理もないことです。分別のある人なら、これらの用語を1度耳にしただけで、あなたがすぐに完璧な知識を持った、非の打ち所のないアライや、LGBTQIA+のコミュニティの一員になったとは思わないはず。それどころか、いくつかのまちがいをすることは避けられません。

　ですが重要なのは、誤りから学び、まちがえたときには謝り、積極的に耳を傾けて学ぶ努力を続けること。誰かが公平な立場からあなたに要求できることがあるとすれば、それ以外にありません。

　それからもうひと言、みなさんがこの本を読み、視野を広げるために時間を取ってくださったことに心からお礼を申し上げます。本書をどんなふうに締めくくるべきかなかなか決められないので、みなさんへのお別れの挨拶として、私がいつもYouTubeのビデオの最後に使う言葉で終わりにしたいと思います……

主な編集協力機関および協力者

トランス学生教育リソース／ＴＳＥＲ (注143)

TSER (Trans Student Educational Resources) はトランスやジェンダー・ノンコンフォーミングの学生のために教育環境の改善を目指し、支援活動と権利の拡大に力を注ぐ、若者主導の組織。TSERの責任者で本書の編集に参加しているエリ・アーリック (注144) は、クィアなトランス女性でありアクティビスト。トランスとクィアの組織、若者、教育、アイデンティティ、メディア、病理を中心に研究と執筆活動をしています。

ジェンダー・スペクトラム (注145)

子どもやティーンエージャーは、それぞれのジェンダーに許容される適切な行動がどんなものかについて、狭い考え方に影響されています。ジェンダー・スペクトラムは、すべての若者が自由に参加できる空間をつくり、若者とジェンダーをめぐるテーマについて理解を広めようと尽力している組織です。本書の編集には代表のリサ・ケネディが参加しています。

ザ・ジェンダー・ブック (注146)

ジェンダーについての優れた資料として独立系出版賞を受賞したほか、複数の補助金を獲得し、2015年には子どもと若者向けの推薦図書「レインボー・ブック・リスト」に選ばれています。『ザ・ジェンダー・ブック』の制作者の1人で、本書の編集に参加してくれたメル・ライフは、テキサス在住のアーティスト兼イラストレーター。友人と共にカラフルでイラストが豊富なジェンダー入門書を生み出しました。

エブリワン・イズ・ゲイ (注147)

つぎの3段階のアプローチによって、LGBTQIA+の若者の権利を守ることに尽力する組織。1.カミングアウトや多様なアイデンティティとの関わり方といった事柄について、ときにユーモアを交えながら率直な助言を提供する。2.思いやりと共感にあふれた学校の環境づくりを目指す。3.LGBTQIA+の人々の家族と連携し、継続的な対話とより深い理解を育む手助けをする。この組織からは、CEOで編集者のクリスティン・ルッソが編集に参加しています。

ＱｕｅｅｒＡｓＣａｔのヴェスパー (注148)

ヴェスパーは黒人でクィア、ノンバイナリー、アセクシュアルで、動画も発信するブロガー。tumblr.やYouTubeではクィア・アズ・キャットの名でも知られています。セクシュアリティ、ジェンダー、人種が交差するテーマについて認識を高め、そのような領域に属する人々の存在を知り、彼らの声に耳を傾ける機会を増やそうと努力しています。

注143：TSERについてはこちらをご覧ください。http://www.transstudent.org/
注144：エリについてはこちらをご覧ください。https://www.elierlick.com/
注145：ジェンダー・スペクトラムについてはこちらをご覧ください。https://www.genderspectrum.org/
注146：この本についてはこちらをご覧ください。http://www.thegenderbook.com/
注147：エブリワン・イズ・ゲイについてはこちらをご覧ください。http://everyoneisgay.com/
注148：ヴェスパーについてはこちらをご覧ください。http://queerascat.tumblr.com/

GayWritesのカミール・ベレジック（注149）

カミールはクィアの作家でブロガー、ビデオ・ブロガー。tumblr.やYouTubeでは、ゲイライツ（GayWrites）のハンドル名で知られています。LGBTQIA+の活動全般に強い関心があり、とくに注目しているのはバイセクシュアルのコミュニティ、進歩的なメディアとジャーナリズム、そして政治におけるLGBTQIA+の問題です。ニューヨーク在住。

Intersexperiencesのエミリー・クイン（注150）

アーティストでアニメーターのエミリーはMTVでインターセックスであることをカミングアウトするまで、アニメ「アドベンチャー・タイム」の制作に参加していました。今はインターセックスの問題について認識を高める活動に専念しています。

ライリー・J・デニス（注151）

コンテンツクリエイター、パブリックスピーカー、作家、アクティビスト。インターセクショナル・フェミニズム、クィアの問題、その他さまざまな話題について議論するYouTubeチャンネルを運営。ノンバイナリーでトランスフェミニンのレズビアンで、ものすごいオタク。ハリー・ポッターとポケモンが大好き。

ピジョン（注152）

シカゴ生まれのラテン系アメリカ人でクィア、ジェンダーフルイド、インターセックスのアクティビスト。インターセックスの人々（とくに有色人種）を解放する空間をつくることに注力。オンラインマガジン「エブリデイ・フェミニズム」やツイッター、フェイスブックで情報を発信しています。

ニュートロワ・ナンセンスのマイカ（注153）

マイカはトランスジェンダーのアイデンティティについて執筆、提言、教育を行い、そのサイトはノンバイナリーのコミュニティにおける中心的な情報源になっています。ユーモラスな比喩などを交えた楽しい勉強会を主催し、ためらいながらもジャーナリストのインタビューに応じ、ボランティアとして地元の学校で経験を語る、隠れた理想主義者。あらゆる人のジェンダーにかかわる経験にプラスの影響を与えることを使命としています。

注149：カミールについてはこちらをご覧ください。http://gaywrites.org
注150：エミリーについてはこちらをご覧ください。http://emilord.com/
注151：ライリー についてはこちらをご覧ください。https://www.youtube.com/user/JustinDennisYT
注152：ピジョンについてはこちらをご覧ください。http://www.pidgeonismy.name/
注153：マイカについてはこちらをご覧ください。https://neutrois.me/

GLOSSARY

言葉がわからなく
なったときのための
カンニングシート

用語解説 [注154]

　このセクションでは、さまざまな用語やアイデンティティを紹介します。本書で学ぶ知識のすべてを1カ所にまとめ、簡単に参照できるようにするためです。各用語には簡単な [注155] 定義を示し、用語の多くには索引をつけました。もっと詳しく知りたい用語やアイデンティティに出合ったらいつでも索引にあたり、関連するページを先に読んでみましょう。

　あなたがLGBTQIA+の用語をあまり知らないなら、まずはこのセクションにざっと目を通すことをおすすめします。詳しい定義については本文でじっくり解説していますが、用語の基本的な意味だけでも理解しておくと役に立つでしょう。また、LGBTQIA+について詳しい人でも、定義を読まないとぴんとこない言葉があるかもしれません。そんなときは、このセクションに戻ってきてください。

注154：本書にこのセクションを設けたのは私の母がきっかけでした。母は編集作業で大いに力になってくれましたが、ストレートでシスジェンダーの女性なので、原稿に初めて目を通したときはちょっと苦労しました。そこで母は、簡単な「用語の速修講座」があれば、この本がコミュティの支援者にとってもっと親切で、初心者にもわかりやすい作品になると考えました。その結果生まれたのがこの用語解説です。
注155：本当にすごく簡単です。もっと正確に理解するには索引から本文をご覧ください。

あ

IAFAB/IAMABもしくはFAFAB/FAMAB ≫P.102
「出生時に女性または男性と決められたインターセックス（intersex assigned female/male at birth）」もしくは「出生時に強制的に決められた女性または男性（forcibly assigned female/male at birth）」の略語。

ID ≫P.133
「アイデンティティ」の略語。

アジェンダーまたはジェンダーレス
agender/genderless ≫P.126-128
ジェンダーを持たない人、ジェンダーが中立的な人、ジェンダーという概念そのものを否定する人。

アセクシュアル **asexual** ≫P.23-27,173-175
他人に対して性的魅力をほとんど、もしくはまったく感じない人の総称、または独立したアイデンティティの名称。

アブロセクシュリティまたはアブロロマンティック
abrosexual/romantic ≫P.168
流動的な、または変化する性的指向をもつ人。

アポラジェンダー **aporagender** ≫P.108-109
男性、女性、そのあいだの性のいずれにも属さないが、非常に強い、固有のジェンダー感覚をもつノンバイナリーなジェンダーの総称。

アライ **ally** ≫P.16,197
LGBTQIA+ではないが、コミュニティを積極的に支援する人。

アロ **aro** ≫P.183-185
アロマンティックのスペクトラム上にあるすべてのアイデンティティの総称。また、「アロマンティック」の略語でもある。

アロマンティック **aromantic** ≫P.175-177,183-185
他人に対して恋愛対象としての魅力をほとんど、もしくはまったく感じない人の総称、または独立したアイデンティティの名称。

アンドロジナス　androgynous　≫P.121-124
「男らしさ」や「女らしさ」から連想させられる伝統的な特徴を併せ持つこと、もしくはそのどちらでもない特徴を持つこと、またはそのあいだの特徴を持つこと。

アンドロジーン　androgyne　≫P.123-124,189
男性と女性の両方であるか、そのどちらでもないか、男性と女性のあいだに位置している状態を表すノンバイナリーなジェンダー。

アンドロジーンセクシュアルまたはアンドロジーンロマンティック
androgynesexual/romantic　≫P.189
アンドロジーンに魅力を感じる人。

移 行　transition　≫P.94-100
自分のジェンダーを肯定し、違和感を和らげるため、あるがままの自分を受け入れるか、積極的に変化しようとするプロセス、またはその両方のプロセス。

一 般 化 す る　normalize　≫P.162-163
あることが社会において一般的であるか、自然なことであると認めさせること

インタージェンダー　intergender　≫P.132
男性と女性という二元論的ジェンダーのあいだに位置するか、両者がまざりあっていると自覚している人。

インターセックス　intersex　≫P.48-55,101-102
解剖学的に、社会における典型的な男性および女性の定義に完全に当てはまらない人をまとめて指す性別。

ウーマセクシュアリティまたはウーマロマンティシズム、
もしくはガイネセクシュアリティまたはガイネロマンティシズム
womasexuality/romanticism, gynesexuality/romanticism　≫P.189
女性や女らしさに魅力を感じること。

エース　ace　≫P.173,183-185
アセクシュアルのスペクトラム上にあるすべてのアイデンティティの総称。また、「アセクシュアル」の略語でもある。

エースフラックスまたはアロフラックス
ace/aroflux　≫P.23-27,183
魅力を感じる強さが変化する人。

FTM　≫P.97
「女性から男性へ（female to male）」の略語。

MTF　≫P.98
「男性から女性へ（male to female）」の略語。

LGBTQIA+　≫P.9-16,185-187,192-194
レズビアン、ゲイ、バイセクシュアル、トランスジェンダー、クィアまたはクエッショニング、インターセックス、アセクシュアルまたはアロマンティック、およびストレートやシスジェンダーではないすべてのアイデンティティ。

エンビー　enby　≫P.111
「ノンバイナリーな人」を表す俗語。

オートセクシュアリティまたはオートロマンティシズム
autosexuality/romanticism　≫P.188
他人との性的行為は望まないが、自分自身から自分で性的魅力または恋愛的魅力を引き出すことができ、自分自身と性的に親密になること（つまり、マスターベーションは好む）。

か　**規範　norms**　≫P.58-62
社会が一般的または標準的だと見なして、期待する行動。

クィア　queer　≫P.8-11,186-187
LGBTQIA+の人々の一部が、社会的規範の枠外にある性的アイデンティティやジェンダー・アイデンティティを表現するために使う総称（またはアイデンティティ）。元々「奇妙な、奇怪な」あるいは「変わり者、変態」という意味があり、蔑称として使われてきた歴史があるが、それを逆手にとり、解放運動のなかで戦略的にアイデンティティを表す言葉として使われてきた。今日、多くのLGBTQIA+の人々が使うようになってきているが、使用することを不快に感じる人もいる。

クエッショニング questioning >>P.37-189
自分の性的指向や恋愛の指向、またはジェンダー・アイデンティティが
不確かな状態。

グレージェンダー graygender >>P.134
ジェンダーの意識が弱いか、ジェンダー・アイデンティティやジェンダ
ー表現についてやや無関心なアイデンティティ。

グレーセクシュアルまたはグレーロマンティック
graysexual/romantic >>P.22-27
魅力をごくわずかしか感じない人、あるいはめったに、または特定の条
件のもとでしか魅力を感じない人、自分が魅力を感じるのかどうかはっ
きりとはわからない人。

クワセクシュアルまたはクワロマンティック、
もしくはＷＴＦロマンティック
quosexual/romantic, WTFromantic >>P.181-183
自分が感じる魅力のちがいを区別できない人、自分が魅力を感じている
のかわからない人、恋愛的魅力や性的魅力は自分に関係がないと思う人。

ゲイ gay >>P.12-15,145-151
明確に男性に魅力を感じる男性を指す名称。広義には、主に同性や自分
に近いジェンダーに魅力を感じる人を指すこともある。また、ストレー
トではない人全般を意味する総称として使われることも。

肯定する affirm >>P.91-94
あることが真実である。もしくは正しいと支持・認証・主張すること。

コミュニティ community >>P.10-13,185-187
本書で「コミュニティ」という言葉を用いるときは、共通のアイデンテ
ィティや文化、目標によって団結するLGBTQIA+の人々と組織、および
その支援者の総体を意味する。

さ **ＣＡＦＡＢまたはＣＡＭＡＢ** >>P.101
「出生時に強制的に女性と決められた人（coercively assigned fe-

male at birth)」、「出生時に強制的に男性と決められた人（coer-cively assigned male at birth)」の略語。

ジェンダー・アイデンティティ gender identity ≫P.67-71
人が自分自身のジェンダーをどう理解し、どうふるまい、他者からどのように見られたいと思うかを伝えるために使うアイデンティティの名称（または名称の欠如している状態）。

ジェンダー違和 gender dysphoria ≫P.90-93,130-131
出生時に決められた性別やジェンダーと、自認するジェンダーが一致しないことから生じる苦痛や不快感。

ジェンダークィア genderqueer ≫P.113,120-121
ジェンダーが社会の男女二元論的ジェンダーの概念を超越して存在している人。

ジェンダー・コンフュージョンまたはジェンダー・ファック
gender confusion/gender fuck ≫P.115-116
自分自身のジェンダーについてわざと混乱を引き起こそうとする人や、混乱を引き起こしたときに喜びを感じる人。

ジェンダー多幸感 gender euphoria ≫P.91-93
自分のジェンダーが肯定されることで感じられる極度の幸福感や心地よさ。

ジェンダー・ニュートラル gender neutral ≫P.81-82,126-131
ニュートラル（中立的）なジェンダーを持っていること。

ジェンダー・ノンコンフォーミング、ジェンダー・ダイバース、ジェンダー・ヴァリアントまたはジェンダー・エクスパンシブ
gender nonconforming/gender diverse/
gender variant/gender expansive ≫P.113-114.116
社会の男女二元論的な規範とはちがうかたちで自分自身を認識したり、表現したりする人々を指す総称。

ジェンダー表現 gender expression ≫P.71,77-83
自分のジェンダーを表明すること。

ジェンダーフラックス　genderflux ≫P.119
ジェンダーについての経験が激しく変化する（揺れ動く）人。

ジェンダーフルイド　genderfluid ≫P.117-120
変化するジェンダーであること。

ジェンダー無関心　gender indifferent ≫P.133-134
自分のジェンダーやジェンダー表現に無関心なこと。

自己認識　self-identification ≫P.130-132
自分にとってふさわしい、またはしっくりくる方法で自分を認識すること。

シスジェンダーまたはシス　cisgender/cis ≫P.60-71,88
ジェンダー・アイデンティティが、出生時に決められた性別やジェンダ
ーと一致する人。

社会　society ≫P.56-60,83-85
特定の地域における人々、法律、伝統、価値観、文化からできる主要な
コミュニティ。

女性　woman ≫P.27-31,51-59
自分を女性と認識する人。

女性から女性へ　female to female/FTF ≫P.99
出生時に性別やジェンダーが男性であると決められたが、自分が男性だ
ったことを認めない人。

**スコリオセクシュアルまたはスコリオロマンティック、
またはセテロセクシュアル、セテロロマンティック**
skoliosexual/romantic, ceterosexual/romantic ≫P.160-161,164-165
ノンバイナリーなジェンダーに魅力を感じる人。

スティグマ　stigma ≫P.171-172
たいていは誤解やステレオタイプに基づいた、特定のグループやラベル、
アイデンティティに結びつけられる否定的なイメージ（例：バイセクシ
ュアルはときとして、欲深い、見境がない、倒錯しているといったステ
ィグマを押し付けられる）。

〜スパイク　-spike　>>P.170
魅力を感じる対象が揺れ動くことを示す接尾語。このタイプの人々は、自分が魅力を感じないと思うことが多いが、あるとき急に強い魅力を感じる（使用例：エーススパイク、アロスパイク）。

スペクトラム　spectrum　>>P.22,24-30,33-41.52-54
セクシュアリティとジェンダーに関する典型的な考えに挑むアイデンティティを表す概念やモデル。一般的なアイデンティティのあいだに位置する人がいることを示す。

生物学的性　sex　>>P.44-45,48-49,51-55
生物学的な特徴に基づいて社会的につくられた分類方法。一般的に男と女という2つの性別のみを認める。ところが現実では、人の生物学的な特徴は社会が決めた分類や条件よりも多様であることが多い。インターセックスの人々はその一例。

性別またはジェンダーの割り当て
sex/gender assignment　>>P.30-31,74,80
通常は、生殖器の外観によって出生時に男か女、男性か女性に分類する社会の傾向。

セイム・ジェンダー・ラビングまたはSGL
same gender loving　>>P.192-194
黒人のLGBTQIA+の人々を指す用語。

ゼッドセクシュアルまたはゼッドロマンティック、
またはアロセクシュアルまたはアロロマンティック
zedsexual/romantic, allosexual/romantic　>>P.23-27,177
性的魅力や恋愛的魅力を感じる人（つまり、エースやアロのスペクトラムに位置しない人）。

総称　umbrella term　>>P.90
複数のアイデンティティや指向、人々の集団をまとめて表したり、指したりする言葉。特定の、または独立したアイデンティティを意味する言葉として使われることもある（例：ジェンダークィアは特定のジェンダー・アイデンティティとしても使われるし、多くのノンコンフォーミングなアイデンティティや人々を含む総称として使われることもある）。

た

ダイアモリック　diamoric　≫P.165-166
主に2つの用法がある。個人のアイデンティティを表す場合は、自分自身がノンバイナリーであることや、魅力を感じる相手やつき合う相手がノンバイナリーな人々であることを強調するために用いる。関係性を表す場合は、惹かれたり、つき合ったりする関係でノンバイナリーな人が少なくとも1人は含まれている「状態」を意味する。

代名詞　pronoun　≫P.80-86
この本で検討するタイプの代名詞は、ある人について、その人の名前を使わずに言及するために使われる言葉のこと（たとえばhe、she、they、ze、eなど）。私たちの社会では、いくつかの代名詞とジェンダーには強い結びつきがある。

男性　man　≫P.27-31,46-47,56-61,88
自分を男性と認識する人。

男性から男性へ　male to male / MTM　≫P.98
出生時に性別やジェンダーが女性であると決められたが、自分が女性だったことを認めない人。

DFAB / AFAB / FAAB　≫P.100
「出生時に女性と指定された人（designated female at birth）」、「出生時に女性と決められた人（assigned female at birth）」、「出生時に女性と決められた人（female assigned at birth）」。

DMAB / AMAB / MAAB　≫P.100
「出生時に男性と指定された人（designated male at birth）」、「出生時に男性と決められた人（assigned male at birth）」、「出生時に男性と決められた人（male assigned at birth）」。

デミ～　demi-　≫P.106-107,120-121
1つまたはそれ以上のジェンダーに対して部分的につながりを感じる人、あるいはつながりを持つ人。

デミセクシュアルまたはデミロマンティック
demisexual/romantic　≫P.179-180
感情的に強い結びつきを持った相手にのみ魅力を感じる人。

特権　privilege ≫P.86,90
大多数や抑圧されていないグループの人々が無条件に得られる利益や機会。通常、気づかれずにいるか、当然のこととして受け止められ、抑圧されたグループの人々の犠牲のうえに成り立つ。

トライジェンダー　trigender ≫P.104
３つのジェンダーを有しているか、経験している人。

トライセクシュアルまたはトライロマンティック
trisexual/romantic ≫P.158
３つのジェンダーに魅力を感じる人。

トライセクシュアルまたはトライロマンティック
trysexual/romantic ≫P.158
性的なことや恋愛について、新しい試みに積極的な人。

トランスジェンダーまたはトランス　transgender/trans ≫P.90-92
ジェンダー・アイデンティティが出生時に決められた性別やジェンダーと一致しない人を指す総称のこと。

トランス女性　trans woman ≫P.98-99
出生時に男性と決められたが、現在は女性である人。

トランスセクシュアル　transsexual ≫P.100
出生時に決められた性別やジェンダーとはちがうジェンダーを持つ人。このアイデンティティはときとして、何らかの医療行為による移行を行ったか、行いたいと願うことと関係する。どちらかというと古い用語で、今は「トランスジェンダー」という表現が好まれ、あまり使われなくなってきている。

トランス男性　trans man ≫P.97
出生時に女性と決められたが、現在は男性である人。

トランスフェミニン　transfeminine ≫P.98-99
出生時に男性と決められたが、女性としての感覚が強く、自分が思う女性的なスタイルで自己表現をする人を指す用語。

トランスマスキュリン transmasculine ≫P.97,120
出生時に女性と決められたが、男性としての感覚が強く、自分が思う男
性的なスタイルで自己表現をする人を指す用語。

な

内面化 internalization ≫P.10
意識的または無意識に行動や態度を受け入れること。

二元論 binary ≫P.40-41,57-61
生物学的性とジェンダーを男性と女性の2種類のみに分ける、画一的な
分類法。

ニュートロワ neutrois ≫P.130-131
ジェンダーが中立かまったく存在しない人。

ノウマセクシュアルまたはノウマロマンティック
nowomasexual/romantic ≫P.160
女性以外のあらゆるジェンダーに魅力を感じる人。

ノボセクシュアルまたはノボロマンティック
novosexual/romantic ≫P.170
そのとき経験しているジェンダーに基づいて魅力を感じる対象が変わる
人。

ノマセクシュアルまたはノマロマンティック
nomasexual/romantic ≫P.160
男性以外のあらゆるジェンダーに魅力を感じる人。

ノンバイナリーまたはnb non-binary ≫P.67-71,111-113,160-166
生物学的性とジェンダーの男女二元論の枠組みの外に存在すると自分を
位置づけること、男性でも女性でもない状態、または部分的にそうした
状態であるか、それらがまざりあっている状態。

は

バイキュリアス bicurious ≫P.158
複数のジェンダーに対して性的または恋愛的魅力を感じ、複数のジェンダーと性的関係や恋愛関係になることに興味がある人。

バイジェンダー bigender ≫P.102-103
2つのジェンダーを有しているか、経験する人。

バイセクシュアルまたはバイロマンティシズム
bisexuality/romanticism ≫P.151-156
2つ以上のジェンダーに魅力を感じる状態。

パンジェンダーまたはオムニジェンダー
pan/omnigender ≫P.105
多くの、ときにはあらゆるジェンダーを経験する人。

**パンセクシュアリティまたはパンロマンティック、
もしくはオムニセクシュアルまたはオムニロマンティック**
pansexual/romantic, omnisexual/romantic ≫P.153-157,168-170
あらゆるジェンダー、もしくはすべてのジェンダーに魅力を感じられる状態。

〜フラックス -flux ≫P.170
指向について述べるとき、「フラックス」はある人が感じる魅力の量や強さが揺れ動くことを意味する接尾語の役割を果たす（使用例：バイフラックス、トライフラックス、ポリフラックスなど）。

フルイド fluid ≫P.167-168
流動的で、変わりうる状態。

〜フレキシブル -flexible ≫P.159-160
主に1つのジェンダーに魅力を感じるが、例外を認めて受けいれる人を意味する接尾語（使用例：ヘテロフレキシブル、ホモフレキシブルなど）。

**ヘテロセクシュアルまたはヘテロロマンティック、
もしくはストレート**
heterosexual/romantic, straight ≫P.148
男女。二元論的ジェンダーにおいて、自分とはちがうもう一方のジェン

ダーに魅力を感じること。

ホモセクシュアルまたはホモロマンティック
homosexual/romantic >>P.148
自分と同じか、自分に近いジェンダーに魅力を感じる人。

ポリアモリー polyamory >>P.33
複数の人と関係を築くか、それを望むこと。あらゆる関係性と同じように、ポリアモリーを成立させるにはコミュニケーションや正直さ、同意が必要。

ポリセクシュアルまたはポリロマンティック
polysexual/romantic >>P.158
必ずしもすべてのジェンダーとはかぎらないが、複数のジェンダーに魅力を感じる人。

マキシジェンダー maxigender >>P.105-106
多くの、ときには自分に当てはまるすべてのジェンダーを経験する人。

マセクシュアリティまたはマロマンティシズム、もしくはアンドロセクシュアリティまたはアンドロロマンティシズム
masexuality/romanticism, androsexuality/romanticism >>P.190
男性や男らしさに魅力を感じること。

マーベリック maverique >>P.108-110
男性、女性という二元論的ジェンダーからは完全に独立している、自律したジェンダーを持っている人。

マルチジェンダーまたはポリジェンダー
multigender/polygender >>P.104
複数のジェンダーを有しているか、経験している人。

**マルチセクシュアリティまたはマルチロマンティシズム、
もしくはノン・モノセクシュアリティ
またはノン・モノロマンティシズム**
multisexuality/romanticism, non-monosexuality/romanticism ≫P.152
複数のジェンダーに魅力を感じること。

モノセクシュアリティまたはモノロマンティシズム
monosexuality/romanticism ≫P.147
1つのジェンダーに魅力を感じること。

ら　**流用**　appropriation ≫P.105-106
自分や自分の文化が起源ではない何かを、自分のものとして借りたり、
取りいれたりすること。正しい理解や敬意に欠け、適切な承認も得てい
ない場合が多い（例：白人がハロウィンの衣装として先住民の羽根飾り
のかぶりものを身につけるなど）。

レシップセクシュアリティまたはレシップロマンティシズム
recipsexuality/romanticism ≫P.188
相手が自分に魅力を感じていることがわかったときのみ、他人に魅力を
感じること。

レズビアン　lesbian ≫P.12-15,148-150
ほかの女性に魅力を感じる女性（および女性であることにつながりを感
じるノンバイナリーな人々やジェンダークィアな人々）。

[著者]

Ashley Mardell（アシュリー・マーデル）

1992年2月、ミネアポリスに生まれる。2009年以降、LGBTへの理解を広めるためYouTubeにビデオを投稿する。主催するチャンネルHeyThere005の登録者は30万人以上、総再生回数は約2200万回にのぼる。2016年11月20日、婚約者の女性と結婚。それを機にAsh Hardellと改名する。

[訳者]

須川綾子（すがわ・あやこ）

翻訳家。東京外国語大学英米語学科卒業。訳書に『人と企業はどこで間違えるのか？』『世界で最もイノベーティブな洗剤会社 メソッド革命』『レジリエンス 復活力』（ダイヤモンド社）、『競争優位で勝つ統計学』（河出書房新社）、『クラウドストーミング』（阪急コミュニケーションズ）、『綻びゆくアメリカ』（NHK出版）などがある。

13歳から知っておきたいLGBT＋

2017年11月22日　第1刷発行
2023年6月16日　第5刷発行

著　者──アシュリー・マーデル
訳　者──須川綾子
発行所──ダイヤモンド社
　　　　　〒150-8409　東京都渋谷区神宮前6-12-17
　　　　　https://www.diamond.co.jp/
　　　　　電話／03·5778·7233（編集）　03·5778·7240（販売）
ブックデザイン──吉村亮（Yoshi-des.）
本文デザイン──吉村亮・望月春花（Yoshi-des.）・相馬敬徳（Rafters）
編集協力──杉山文野（株式会社ニューキャンバス）
校正───三森由紀子
製作進行──ダイヤモンド・グラフィック社
印刷───加藤文明社
製本───ブックアート
編集担当──井上慎平

©2017 Ayako Sugawa
ISBN 978-4-478-10296-1
落丁・乱丁本はお手数ですが小社営業局宛にお送りください。送料小社負担にてお取替えいたします。但し、古書店で購入されたものについてはお取替えできません。
無断転載・複製を禁ず
Printed in Japan

◆ダイヤモンド社の本◆

企業の動き・自治体の動き…
いま知っておくべきLGBTのこと

ダイバーシティ＆インクルージョンで変わりゆく世の中。
誰もがシアワセになる"ココロスタイル"って何だろう？

インクルージョン＆ダイバーシティ マガジン
Oriijin（オリイジン）

●A4判変型　●定価(本体907円＋税)

http://www.diamond.co.jp/